JN014721

セカンドキャリアとしての

行政書士

Q&A 50

行政書士
鈴木重光［著］

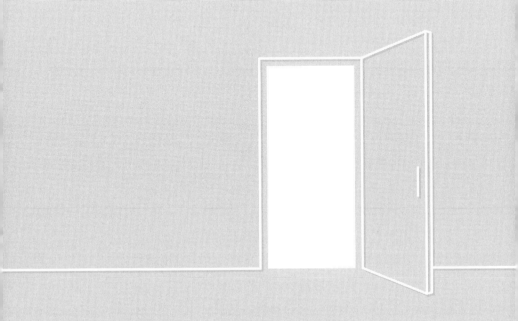

中央経済社

はじめに

——人生100年時代。セカンドキャリアを作ろう！

　人生100年時代と言われています。昔は，60歳になれば定年退職して年金をもらって過ごせました。現在の年金支給開始年齢は65歳ですが，この高齢化社会で引き上げられていくことでしょう。

　今勤めている会社がずっと雇用してくれるとは限りません。このコロナ禍で，いわゆる老舗の大手企業にも倒産の魔の手が迫っています。また，AI技術の進歩により，リストラが進むことも予想されます。

　そのような中で，資格に目を向けた読者の皆さんは意欲のある前向きな方です。自ら大変な試験に挑み，セカンドキャリアを作ろうとしているのですから。

　ここ数年，行政書士試験の受験者数はやや減少傾向です。その一方で，40代以上の受験者の割合は伸び，**合格者の半数以上**を占めています。

　異業種から参入してくる40代以上の受験生や合格者にとって，**自分が開業してやっていけるかどうか，不安が大きい**ことでしょう。

　とはいえ，開業行政書士として，年齢を重ねていることは，別にマイナスではないのです。きっと，**今までの経験が活きてくる資格**です。安心してください。

本書では，こうした40代・50代を中心とする方々が，厳しい受験勉強を経て合格されたあと，どのように行政書士として稼いでいったらいいのかについて示しています。若者とは違う営業の仕方があると考えています。

　私も，トライ&エラーを繰り返し，時に，想定外の仕事（英仏会話個人レッスンの教師や老人ホーム探しなど）も経験しました。行政書士の直接の仕事とは言いにくいかもしれませんが，その次の行政書士としての仕事（遺言書作成や分割協議書作成，任意後見等）に結びついたりもしました。

　人生，何が福となるかはわかりません。

　本書が，皆さんの開業後のご健闘とご活躍に少しでもお役に立つことがあれば望外の喜びです。

　最後に，本書の内容につきまして相談に乗っていただきました，やまもと総合法律事務所（川崎市）の弁護士 山本友也先生に感謝を申し上げたいと思います。先生には，内容についてのご助言を頂いておりますが，最終的な文章の責任は，筆者個人にあることをここに申し添えます。

2020年12月

行政書士　**鈴木重光**

※　本書で紹介している事例等は，行政書士法上の守秘義務や関係当事者のプライバシーを考慮し，事例や氏名等は架空のものとしてフィクション化しており，特定の事実を指すものではありません。

目　次

第1章　セカンドキャリアとしての行政書士

第2章　受任につながる相談のコツとツボ

第3章　遺言・相続分野で稼ぐコツとツボ

第4章　執行につながる遺言書作成相談のコツとツボ

第5章　相続分野の実務のコツとツボ

第6章 あらゆるニーズに対応する準備

第1章

セカンドキャリア
としての行政書士

Q1

40代・50代でも開業して 食べていけますか？

A 行政書士の合格者の5割超が40代以上です。食べていけるかはその人次第ですが，独立開業しやすい資格です。

Comment

■50歳からの挑戦

　私も，行政書士の試験勉強を始めたのは**50歳になってから**です。**人生のゆく先**を真剣に考え出したころです。合格まで3回チャレンジしました。

　なぜ行政書士を目指したか。それは，定年に縛られない仕事だと思ったからです。

　そもそも，定年まで会社が続くかもわからない，いつリストラされるかもわからないような時代です。**大手企業に入社したら定年まで安泰，というのは我々より上の世代の話**になってしまいました。

　行政書士の資格を取って，食べていけるかどうかは「経営者」としてや「営業マン」としての手腕次第な部分もありますが，年齢を理由にあきらめるのはナンセンスです。

　詳しくは前著『副業としての週末行政書士Q&A60』（中央経済社）に書きましたが，私は，いったん会社を辞めて専業になった後で，再び会社に勤務するのは条件的に厳しくなると思い，会社を続けながら週末中心に活動をしました。

　背景には，合格してすぐに独立開業した先輩行政書士から「食っていけるようになるまで数年は覚悟したほうがよい」「開業して1年半はほとんど仕事がなく，貯金を切り崩して生活した」という話を聞いたことがあります。

　もちろん，専業で開業して立派な業績をあげている先輩もいます。

■元のキャリアを活かせる資格

　40代・50代の方であれば，それまでのキャリアがあります。もともとどんなお仕事をされていたか。それも開業を軌道に乗せるカギとなります。

　もし，もともと自動車関係や建設業関係にいらっしゃったのであれば，仕事が舞い込む十分な素地があるかもしれません。また，営業マンとしての手腕に自信があれば，どんどん仕事を取ってくることができるでしょう。

　つまり，行政書士としての独立開業は，**それまでのキャリアを活かせる場面が多くある**ということです。

　ちなみに，直接的ではなかったとしても，職務経験が役立つ場面があるはずです。不動産業界であれば，不動産の知識と経験はかならず役立ちますし，IT企業やメーカーであれば，システムを利用したアドバイスができます。**どんな業種の仕事でも，そのキャリアが何かしら役に立つのがこの行政書士という仕事**です。

Q2

行政書士はどのような仕事を
しますか？

A 行政書士の仕事の範囲は多岐にわたります。私は相続・
遺言・成年後見を中心に活動しています。

Comment

■イメージがつきにくい行政書士の仕事

　行政書士は，他人の依頼を受け報酬を得て，以下に掲げる事務を業とすることとされています。ただし，その業務を行うことが他の法律において制限されているものについては，業務を行うことができません。業務について，行政書士法第1条の2と第1条の3に書かれていることをまとめると以下のようになります。

⑴　官公署に提出する書類（電磁的記録を含む。以下同じ）その他権利義務又は事実証明に関する書類を作成すること

⑵　官公署に提出する書類について，その提出の手続及び当該官公署に提出する書類に係る許認可等に関して行われる聴聞又は弁明の機会の付与の手続その他の意見陳述のための手続において当該官公署に対してする行為（弁護士法第72条に規定する法律事件に関する法律事務に該当するものを除く）について代理すること

⑶　行政書士が作成した官公署に提出する書類に係る許認可等に関する，行政庁に対する不服申立ての手続について代理し，及びその手続について官公署に提出する書類を作成すること

⑷　行政書士が作成することができる契約その他に関する書類を代理人として作成すること

⑸　行政書士が作成することができる書類の作成について相談に応ずること

　行政書士は行政書士法に基づいた活動をしますが，それが**とにかく多岐にわたっていて，それぞれ専門家がいらっしゃいます。**

　それゆえ，イメージがつかない方も多いのではないでしょうか。税理士なら税金，司法書士なら登記というようなものがありません。強いてあげれば，行政機関に書類を出すイメージでしょうか。でも，それなら税理士も司法書士も同じですね。

　弁護士であれば，よくドラマ等でやるのでイメージがつきやすいのですが，行政書士については以前『カバチタレ』というマンガとそのドラマが流行りましたが，それくらいかもしれません。

■キャリアを活かしたスペシャリストになる

　行政書士の仕事の一例を挙げると以下のようになります。これだけ多くの業務をすべてこなせる行政書士になる必要はありません。今までのキャリアを活かした仕事を集中的に勉強し，**「この分野では誰にも負けない！」と言えるスペシャリスト**になれば良いのです。

遺言書案作成と相続手続き	成年後見に関すること	契約書の作成に関すること
建設業に関すること	国際業務に関すること	営業許認可・事業に関すること

暮らしに役立つ業務

　遺言相続／契約書／自動車登録／土地活用／内容証明

ビジネスに役立つ業務

　外国人雇用関係／法人関連手続／許認可申請／中小企業支援／知的財産権／電子申請等

Q3

行政書士として開業するには
どうすればよいですか？

A 試験合格後，行政書士の登録をします。また，税務署に
開業届を提出します。

Comment

■行政書士登録

　試験に合格したら，行政書士の登録をします。登録の際，「行政書士登
録申請書」「履歴書」「誓約書」「各都道府県の行政書士会入会届」などの
提出が必要です。

　登録には，登録手数料25,000円が必要です。また，登録免許税30,000円
を収入印紙で提出します。

　また，各都道府県の行政書士会の入会金と会費は，都道府県により異な
りますが，神奈川県の場合は入会金25万円，月会費6,000円です。

　行政書士会に入会すると，都道府県単位や各支部の勉強会や研修会に参
加できます。

■開業届

　開業したら，税務署に開業届を提出します。ここからは確定申告が必要
になります。ちなみに，副業で業務を行う場合も，行政書士として収受し
た報酬に対して所得税の確定申告が必要です。

Q4

開業にあたって，
　　　　　　何が必要ですか？

A 自宅で一人で開業するケースが圧倒的に多いです。お金はそれほど必要ありません。

Comment

■ほとんどが個人事務所

　行政書士の登録者は約46,000人です。そのうち，97％が個人事務所を開業しています。行政書士法人社員や使用人行政書士のほうが少ないです。

　事務所の人数は，以下のとおり，**小規模なところが圧倒的に多い**です。最初から人を雇おうとせず，手が足りなくなったら検討するとよいでしょう。

■自宅開業が多い

　また，開業は自宅の一室を事務所にするケースが多いです。開業後うまくいったら，事務所を自宅から駅前に移すことなどを検討するとよいでしょう。

　マンションの場合は，マンションの管理規約等に従う必要がありますが，戸建て住宅の場合は，玄関のドアの横や門など，不特定多数の人が確認できる場所に事務所の看板を出します。

　※　「表札」の掲示は義務です。

Q5

学歴や職歴は開業後に
　　　　　関係しますか？

A　関係ありません。相談者にとっては「行政書士の先生」です。前職で偉かった方もリセットしてください。

Comment

■前職で偉かった方は要注意です！

　相談などを広く受けていますが，相談者は私を「行政書士の先生」と見てきます。学歴や職歴を聞かれることはめったにありません。

　例えば，大学を出ていないという理由だけで，相談者や依頼者が来ないということはまずありません。それよりも，行政書士としての知識や**接客態度，対応の仕方などが決め手**になります。

　逆に，どんなに学歴が高くて，知識が豊富であっても，話し方や接客態度が高飛車であれば，相手は離れていきます。前職が「社長」であれ，「平社員」であれ，相談者には関係ありません。

　たまに，セカンドキャリアの方で，前職でとても偉かったのでしょうか，「偉そう」な方も見受けます。昔はパワハラは当たり前，上司は偉そうにしていたものです。かといって，それを引きずっていては駄目なのです。お客さんは寄り付きません。

Q6

副業から始める場合に　注意すべきことは？

 勤務先の許可を得ること，副業を甘く見ないことです。

Comment

■勤務先の許可と行政書士会への誓約書の提出

　最近は時代の流れで，副業や兼業を認める企業も増えてきています。就業規則等で禁止されている場合や，公務員など法律等で禁止されている場合は難しいでしょう。そうでなければ，会社の人事部や総務部，コンプライアンス部などと相談して，社内手続きに則って許可や承認をもらいましょう。

　行政書士会には誓約書の提出をします。「法人等に勤務しており，事務所は別の場所に設ける場合」というフォーマットが用意されていますので，これに記入すれば大丈夫です。

■副業を甘く見ない

　副業で行政書士の業務を行う場合でも，甘くみると大やけどしかねません。副業といえども，相談者や依頼者にとっては，**あくまでも資格を持った行政書士の先生**。そういう見方をされます。適当な回答やあいまいな対

応は，時に苦情を生む可能性もあります。

　将来的に開業をすることを念頭に置くのであれば，専業の場合以上に必死で仕事をしなくてはなりません。

　正直なところ，相談会などを行うと，単に愚痴だけを言いに来るような方もいらっしゃいます。嫁や亡くなった姑の悪口を延々とされることもありました。

　そのような時に，「愚痴だけでは何もわかりません。何か相談したくていらっしゃったんですよね？」と高飛車な受け答えをしてはいけません。こういう時は，適当に相槌を打ちながら，**聞き役に徹します**。

　結局，何の相談だったかわからない時もありますが，そのような相談者に限って，スッキリして帰った後，再度相談に来て，仕事につながることもあります。

　ここは「年の功」ではないでしょうか。どんなに疲れても，とにかく，**傾聴の姿勢**を保ちます。こちらが音を上げてしまい，適当にあしらうと，開業したときの悪評にもつながりかねないのです。

■受験を乗り越えたなら体力は大丈夫！

　正直なところ，若くはありませんから，副業は体力的には大変かもしれません。でも**仕事をしながら受験ができたのであれば，仕事をしながら別の仕事をすることも可能なはず**です。受験が，「二刀流」の力を養ってくれているはずだからです。

Q7

どうやって専門分野を　　　　決めましたか？

A　私は専門分野を「相続・遺言」に決めました。この分野は，超高齢社会を迎える今，相談や仕事は途切れることがありません。

Comment

■超高齢社会で「相続・遺言」の相談は途切れない

今は超高齢社会です。65歳以上の人口は，今後も増加し続けます。相続・遺言という分野は，この中で相談や仕事が**途切れることがない**のです。そして，年を重ねるほど，配偶者や親しい友人が亡くなったり，周りの相談できる人が減ったりします。需要を考え，私はこの分野を中心に活動することにしました。

相続・遺言というのは，高齢者が相手の仕事になります。もちろん，元気な若い方を好む方もいらっしゃるのですが，落ち着いた中年以上の先生に相談したいという方も多いようです。

「認知症になるかもしれない」「もうすぐ死ぬかもしれない」「死後に財産争いになるかもしれない」など，相談者はいろいろな不安を抱えてやってきます。**ある意味，自分自身も経験と年齢を重ねているだけ，寄り添える部分もある**と感じています。

Column1
試験合格に年齢は関係ない

　「もう年なので」という言葉はよく聞きます。この「年」とは何歳くらいのことを言うのでしょうか？　30代や40代はまだ若い方だと思いますが，口にされる方もいらっしゃいます。かえってご年配の方のほうが，活発に行動されていたりします。

　年齢を理由にして新しいことを始めないのはとても惜しいことです。また，1回テキストを読んだくらいですべてを覚えられる人はいません。教科書に書き込む，カードに書く，毎日声に出して記憶するなど，地道な努力をしていますか？　「忘れない努力」ではなく，「思い出す努力」をしていくことが重要です。
　年齢は関係なく，自分なりの工夫をし，本気で勉強を続けることで，合格に近づけるのです。

　試験の合格率は10％前後です。決して甘いものではありません。私も働きながらの試験勉強は大変で，数年かかりました。
　数年間，モチベーションを保つのは大変なことです。働きながらの勉強は，時として自分のペースでできないこともあります。勉強を休んだとしても，気分転換をして再度戻ってくればよいのです。

　モチベーションを保つには何が必要でしょうか。それは，自分がどのように仕事をして社会の役に立っていきたいかを考えることだと思います。

　いくら沢山の資格を持っていても，その資格を活かさなければ宝の持ち腐れになります。資格を武器に開業して人の役に立つ，そのイメージの参考に本書がなれば望外の喜びです。

第2章

受任につながる
相談のコツとツボ

Q8

相談件数を増やすには どうすればよいですか？

A まずは相談がないことには何もはじまりません。入り口を広くしましょう。地域包括支援センターや認知症カフェに行ってみるのもおすすめです。

Comment ···

■立派なホームページを作るより，地元の人脈

　行政書士事務所を開業するにあたって，「まずはホームページ！」とお考えの方もいるかもしれません。でも，高額な料金を支払って，立派なホームページを作らなくても，仕事を得ることはできます。

　私はホームページを作っていません。**全国的に宣伝・公開する必要性を感じていないから**です。

　私は神奈川県川崎市の**地元での活動を中心**にしています。地元の地域包括支援センターや認知症カフェを通じて知り合った不動産業者や老人ホーム紹介会社とおつき合いしています。

■入り口は広く

　相談はすべての受任の出発点です。この出発点の対応が，相談者との信頼関係が始まる重要なポイントです。

　相談者がその相談への対応に満足すれば，2回目の相談や，将来の案件

の受任につながります。そのため，基本的に相談を受ける入り口を広くすることが必要です。まずは相談件数を増やすことです。

■相談件数を増やすためには

相談件数を増やすためには，チラシ配り，電話セールス等も考えられますが，これは相手が実際には見えないので，相手と十分な意思疎通を図るという意味でもなかなかハードです。

私が最も効率よく感じるのが，**他の士業との今後の協働を視野に入れて，地域包括支援センターも含めて，不動産業者や金融機関を訪問し，面談を通して情報交換をし，コミュニケーションを取り続けて行くこと**です。また，実際に税理士から案件紹介を受けることも多いので，近所の税理士とつながりを持っておくのもよいと思います。

これは回り道のようであっても，確実に，そして着実に新規顧客を獲得できます。

Q9

相談を受任につなげるコツは
ありますか？

A　とにかく「傾聴」がポイントです。聞き上手になりましょう。また，継続的に連絡を取ることもポイントです。

Comment

■無料相談からすべては始まる

　はじめての相談で料金を取る方もいらっしゃいますが，私は無料にしています。**無料でありながら，丁寧な対応で相手の信頼を得る**ことを心がけています。それが受任につながるからです。

　料金も含めた自分の考え方をしっかり持ち，相手の相談の核心部分をいかに見抜き，そして丁寧に応えていくかが相談者からの信頼を獲得するための第一歩です。

　単なる知識の見せびらかしではなく，相手が何を聞きたがっているかを見極めます。できるだけ「傾聴」をして，聞き上手になることで，相手の状況もわかり，信頼にもつながります。

■まずは丁寧に話を聞く

　私は，すべての相談者に対して，一方的に話しかけ，話し続けるのではなく，相手の顔を見て，とにかく「ゆっくり」「丁寧に」，相手が理解し，納得するよう話すことを心がけています。

　相手に寄り添って話すことは意外に難しいです。これができるのは経験を重ねているからこそだと思います。

　高齢者の話から**「相手がどのような情報が欲しいのか」**を引き出して見極めること，その情報を高齢者にもわかるように伝えること，大変なことではありますが，相手の信頼を得るためには不可欠です。

　よく，早口でまくし立てる専門家がいますが，あれは知識に自信がないことの裏返しだと感じます。**日々勉強して，知識をアップデートする**ことで，自信を持って話せるようになります。

■受任に至ったある相談例

　受任に至ったある相談例をご紹介します。相続の相談は，プライベートな内容が多いので，初回のご相談ではなかなか本題に入らないことも多くあります。電話でもよいので，こまめにフォローを入れていくことが必要です。

【相談 1 回目（認知症カフェ）】

Aさん「数カ月前から父の体の調子が悪く，最近近くの病院に入院しました。私は長女なので，しっかりしないといけないのですが…。」

私「そうですか。お大事になさってください。もし万一のことがありましたら，ご自宅はお父様名義の場合，相続登記が発生しますので，必要であれば，私のほうで遺産分割協議書を作成いたします。相続登記については，地元の知り合いの司法書士をご紹介致しますのでご安心ください。」

　不動産の相続登記をどうしたらいいかわからない人は意外に多いです。先のことが少しでもわかっていると安心するものですし，そのことを事前に教えてあげると意外に感謝されるものです。

いきなり不動産登記のことから相談されるケースや，不動産の相続登記だけお願いしたいとの依頼も，意外に多いです。

　司法書士の業務範囲だからと拒絶することなく，司法書士につなぐことを前提にお話を聞くようにします。

【相談2回目（電話）】

　Aさん「父が先月亡くなりました。預金はほとんどありません。預金の配分処理は私がやりますので，この前お聞きした不動産の名義変更だけをお願いしたいです。相続人は，母と長女の私と妹の3人です。父親名義の不動産はすべて私の単独名義にすることで家族内の話がついています。相続登記をしたいのですがどうしたらいいでしょうか。」

　私「お父様のご逝去にお悔やみ申し上げます。確か遺言はございませんでしたね。再度ご確認願います。それでは，相続登記をするためには，遺産分割協議書の作成が必要になりますので，不動産の名義を，長女のA様単独名義にする不動産のみの遺産分割協議書を私が作成し，相続登記自体は司法書士をご紹介しましょう。

　遺産分割協議書の作成は，10万円でお引き受けいたしますがよろしいでしょうか？　また，相続登記の費用は，別途司法書士にお支払い頂くことになります。司法書士をご紹介する際は，私も立ち会わせて頂きます。それでは，私が司法書士の先生と連絡を取り，A様とご都合の合う日時に，場所と時間を設定させて頂きます。」

【相談3回目（電話）】

　私「A様と司法書士の先生の面会日を設定しました。事前に私が遺産分割協議書を作成し持参いたしますので，相続人3名の方全員の実印での押印をお願い致します。合わせて相続人3名全員分の印鑑証明書もお取りください。印鑑証明書は委任状では取得できませんので，お手数ですが，ご本人で取得してください。」

　相談の際のポイントは，亡くなった方の相続財産に不動産があることに

気づくことです。つまり，「相続不動産 → 遺産分割協議書作成 → 相続登記」の基本パターンを実行することです。

行政書士としては，**①遺産分割協議書の作成**と**②遺産分割協議書通りの執行**までを一貫してお手伝いさせていただけるようお願いします。

預金口座解約など，執行までのお手伝いを交渉できれば，その分「稼ぎ」が多くなります。遺産分割協議書の作成だけで終わらせないように相手のニーズをくみとりましょう。

その後，無事に相続登記が終了しました。相続登記の費用は直接司法書士に支払ってもらい，遺産分割協議書の作成報酬は私に振り込まれました。

■無料相談会１回で終わらせない

無料相談会では，その場１回だけの相談も多くあります。しかし，こちら側も継続的かつ定期的に相談会を開催していれば，同じ相談者から２回目，３回目の相談を受ける確率が高くなります。

相談の回数が多くなるほど，受任の確率も当然高まります。継続的に行っていれば，そこに行けばいつでも相談できるという安心感につながります。さらに，口コミによって，より多くの方と知り合う機会になります。**継続は力なり**，で信頼性につながるのです。

また，１回きりの相談であったとしても，気になる方がいれば，先方の了解を得て，その後の経過や状況などについて**電話などでフォロー**を入れるとよいでしょう。

Q10

はじめて相談を受けるとき，何を準備すればよいですか？

A 事前準備資料として「六法」はもちろん必須です。遺言書や遺産分割協議書の見本，法定相続割合の一覧表などを用意しておくのも一案です。

Comment

■どんな相談が来るかは不明

　無料相談会などを開催する場合，一見の相談者が来るのが一般的です。何を相談されるかは，聞いてみるまでまずわかりません。

　一般的に，無料相談を行うと相続・遺言・成年後見関係で全体の約80％を占めるのが実態です。それを考えると，相続・遺言に関する事前資料を準備し，かつ知識の整理をするなど勉強をしておくことが必須でしょう。

　時折，離婚相談などを受けることもありますが，離婚条件で揉めており，将来紛争になることが予見されるような場合は，なるべく早めに，**弁護士をご紹介**するようにしています。行政書士は紛争のない相談を受けるべきであり，現在，紛争になっていたり，将来，確実に紛争になったりするであろう相談を引き受けてはいけません。

■見本や一覧表を用意しておく

遺言書や遺産分割協議書などの見本や，法定相続順位の一覧表などを用意しておくとよいでしょう。相談者との会話の中で，必要と思えば適宜それらの見本や一覧表を示します。法律そのものより，書類作成の仕方の説明をしたほうが，相談者が納得しやすい場合もあります。

また，公に配布されている税金に関するパンフレットなども用意しておくと役に立ちます。

【一覧表の例】

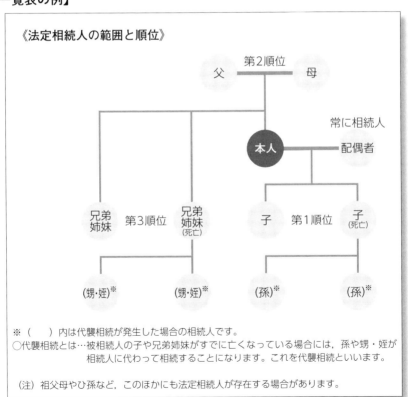

《法定相続人の範囲と順位》

※（　　）内は代襲相続が発生した場合の相続人です。
○代襲相続とは…被相続人の子や兄弟姉妹がすでに亡くなっている場合には，孫や甥・姪が相続人に代わって相続することになります。これを代襲相続といいます。

（注）祖父母やひ孫など，このほかにも法定相続人が存在する場合があります。

Q11

わからないことについて相談を
受けたときどうすればよいですか？

A 調べてからご返事するのでもよいでしょう。

Comment ·······································

■ **行政書士の専門範囲は広い・業際に注意**

わからないことに対して，知ったかぶりで答えるのは専門家として疑問です。逆に，信頼をなくします。

「わかりません」で終わらせず，**時間をもらって調べて回答**するという対応でよいでしょう。自分の専門外の相談であれば，顧客の了解を得て，**専門の行政書士を紹介**することもありえます。

相続の相談案件に関連して，相続税などの相談を受けることもあります。しかし，税金の具体的な計算や税務書類作成などについては，専門家である税理士に問い合わせるように説明しなければなりません。

公に配布されている税務関連のパンフレットに記載されているような，誰でも調べればわかる税制などについて，簡単に内容を教えることは感謝されます。しかし，相談者のケースが，その減税制度に当てはまるかといった個別具体的な計算については，税理士に依頼してもらいます。

税金や登記の話だからといって，入り口の段階からシャットアウトせず，顧客の立場になって，**行政書士としての範囲で説明**をします。

Q12
相談者への説明のコツは
　　　　　　　ありますか？

A 作成書類の現物などの資料を見せながら説明すると，納
得感が得やすいです。

Comment

■できるだけ具体的に説明する

　説明のコツは，行政書士それぞれです。しかし，ちょっとした工夫を加
えることにより，たとえ同じことを言っているにしても，聞き手の受け取
り方や反応が違ってきます。

　遺言書や遺産分割協議書について，法律を説明してもなかなかわかって
もらえません。書類を相談者と一緒に見ながら，「ここはこういう風に書
けばいいですね，付言事項はこのように書くのですよ」と説明すれば，イ
メージをもってもらいやすいです。

　特に，公正証書遺言の場合は，立会人が2人必要であることや，遺言執
行者の決め方を，**現物を見せながらアドバイスすると理解してもらいやす
い**です。

　結果として，話がスムーズに進み，「この行政書士に公正証書遺言の作
成手続きをお願いしよう」「遺言執行者もお願いしよう」という雰囲気や
気持ちにもっていくことができるのです。

■相談者にどう話すか

もちろん，話し方や接し方も重要です。

自信のなさそうな人に「お願いしよう」とは誰も思いません。

とにかく**専門家としての「自信」をもって「謙虚」な態度で「誠実」に接する**ことを心がけます。そうすれば，相手の信頼を得られます。

大前提として，**自分自身でよく勉強しておくことが必要**です。生半可な知識では，根拠のない自信になってしまい，相手の信頼を勝ち取ることはできません。

おすすめなのは，自分で自分なりの**オリジナル資料を作成して説明**することです。自分で作成した資料は，自分が一番よくわかっているのですから，おのずと説得力が増します。

相手も，耳から入ってくる情報だけでなく，目で読み取る情報がプラスされることで理解がしやすくなるはずです。相続人が複数いて複雑な場合は，なるべく図を書いて説明してあげたほうがよいでしょう。

■情報を多くとる

案件を受任する前の段階の相談では，①**なるべく相手に話をさせ，情報を多くとる**とともに，②**こちらからも，制度の改正点などを含めて，関連する色々な情報や周辺の話題を入れて話を膨らませていく**のがコツです。

工夫として，「公証人や○○にも聞いたところ（ヒアリング調査をしました，と言ってもいいでしょう）……ということです」などと，第三者の情報を入れると説得力が増します。

Q13

セミナーを開催してみようと 思うのですが？

A 人の集まる場所で，短時間のセミナーをするのがおすすめです。その後，無料相談会を開催するとよいでしょう。

Comment

■集客するより，人が集まる場所で

　たとえ，どんなに立派な講演会やセミナーを行っても，参加者がいなければ絵に描いたモチに過ぎません。自分で集客するか，主催者などの第三者に集客してもらうかです。

　できることなら，第三者に集客してもらいたいです。とはいえ，高齢者を集めるのは大変です。

　なので，私はすでに人々がそれなりに集まっている場所に出向いて話をしたり，講演やプチセミナーをしたり，その後無料相談会などをしたりすることにしています。このやり方は，一石二鳥です。事前にチラシ等で周知しておけば，相談者も相談内容を準備して来てくれます。

　人を集めるのには自分で作成したチラシを配るのがおすすめです。ただし，学習館や交流館などにチラシを置かせてもらうためには，事前に事務所や団体としての登録が求められるのが一般的ですので，ルールをよくご確認ください。

　チラシ作成は，業者に頼んで凝ったものをつくることもできますが，自宅のプリンターでピンクなどのカラー用紙に印刷するだけでもそれなりに

立派に見えるので，私は自分で楽しんで作っていました。コストもさほど
かかりません。

　有料になりますが，郵便局にチラシを置く方法もあります。詳しくは地
元の郵便局にお尋ねください。

■地元の公的施設の館長とのつながりを作ろう

　認知症カフェや，地域交流館，シニア館などでは，各種のイベント，催
し物があります。例えば，クリスマス会やコンサートなどのイベントの一
部に組み込んでもらえると，そこのスタッフの方が集客してくれますし，
抵抗なく集まってもらえるので効率がとても良いです。

　私も地元の地域交流館で，各種の催し物の中で，プチセミナーを開催さ
せてもらっています。50歳〜60歳以上の地元の地域の方という参加条件が
あるにもかかわらず，毎回15名程度集客できています。

　もちろん，地域交流館や館長次第のところがありますので，駄目で元々，
という気持ちで当たってみてください。要は，その館長などと上手くコミ
ュニケーションできるかどうか……という面があるのは否定できません。

　私自身は，地元の地域交流館の館長と話が弾み，周辺地域の10名ほどの
高齢者が，この交流館で月に１〜２回ランチをしているという情報を聞き，
お願いして「ランチセミナー」を開催させてもらったこともあります。

　もちろん，ランチ後にいきなり専門的な話を長々聞かされるほうも不快
でしょうから，「傾聴」の精神で，参加者の何気ない悩みや困っているこ
とを聞くことに主眼を置きました。また，なるべく短く，15分程度で終え
ることを心がけました。ある意味で**「顔」を覚えてもらう機会と割り切っ
て継続的に実施**しました。ここではランチも一緒に食べるのがコツです。

　正直なところ，高齢者を対象としたセミナーは，時間としては**20〜30分が限界**です。私は2時間セミナーなども開催したことがありますが，高齢の参加者は体力的にも疲れてきて，続きませんでした。

> ・時間を短くする
> ・毎回テーマを変える
> ・話すポイントを1つに絞る

■高齢者の興味を引くセミナーテーマにする

　高齢者は時間があるとはいえ，動くのが億劫な人が多いです。なので，セミナーに足を運んでもらうには，「面白そう」と感じてもらえるテーマが必要です。参考までに，私のセミナーテーマは以下のような感じです。

> **メインテーマ例**
> 　「たった30分でわかる遺言の基礎知識」
> **サブテーマ例**
> 　「第1回　付言は,あなたの最後のラブレターです。」
> 　「第2回　ご夫婦で遺言を作成しませんか？」
> 　「第3回　相続発生！　長男・長女はつらいよ」

　この，「ラブレター」という言葉は強烈なキーワードであり，特に女性の方から反響がありました。また，「長男・長女はつらいよ」は，寅さんシリーズを連想するネーミングで男性の方の評価が高かったです。

Q14

セミナーを受任につなげる
コツはありますか？

 プチギフトが実は効果的です。

Comment ....

■プチギフトと連絡先を一緒に

セミナーや相談会にわざわざ来てくれた方々には，会の終わりに自分の連絡先をつけたプチギフトをお渡しするようにしています。

ちょっとしたものでも，もらうと誰でもうれしいものです。シーズンに合わせて工夫するのはこちらも楽しいです。

クリスマスシーズンには，クリスマスツリーなどに飾り付ける金色や銀色の小さなベルや，赤いリンゴの飾りなどをお渡ししました。100円ショップで購入したものではありますが，見栄えも結構いいので，喜ばれました。

その際，「また，いつでも相談に来てくださいね」と一言，声をかけて自分の連絡先をつけたプレゼントをお渡しすると，困った時に「**身近な法律家**」として思い出していただけるようで，受任につながったケースもありました。

この方法も，さほどコストがかからずおすすめです。

Q15

老人ホームでセミナーは
　　　　　　　できますか？

A 老人ホームの職員は常に忙しく，つながりを作らないとなかなかできません。

Comment ･･･

■一見さんは難しいのが本音

　老人ホームで，遺言・相続・成年後見制度などのセミナーを行えれば，高齢者やその家族が参加してくれて，とても効率がよさそうです。ただ，老人ホームの職員の方は常に多忙で，なかなか受け入れてもらえないのが実情です。無理を言って関係を悪くしては元も子もありません。私も，開業時は，近所の老人ホームを30社ほど訪問し，講演やセミナー開催のお願いをしました。しかし，**どこにも相手にされませんでした**。

■認知症サポーターキャラバン事業からのつながり

　現在，私はある老人ホームで定期的にセミナーを開催しています。高齢者とその親族向けなので，受任につながることも多いです。

　どうしてそれが可能になったのかと言うと，後述の「認知症サポーターキャラバン」事業に参加してからです。その老人ホームで「認知症の研修と寸劇」を行いました。

　「後ろから声をかけてはいけない」「唐突な声かけも厳禁」の実演です。

入居者やそのご家族との顔つなぎの色合いが濃いイベントでしたが，これによって老人ホームの施設長とのパイプを作ることができ，定期的なセミナー開催につながりました。

■認知症サポーターキャラバンと行政書士活動

2015年1月に策定された国家戦略「認知症施策推進総合戦略（新オレンジプラン）では，認知症サポーターの養成と活動が推進されています。

認知症サポーターとは，認知症について正しく理解し，偏見を持たず，認知症の人や家族を暖かく見守る「応援者」として，自分のできる範囲で活動する人を言います。この認知症サポーターになるためには，**サポーター養成講座**を受講する必要があります（誰でも参加できますので，お近くの地域包括支援センターでお尋ねになるといいでしょう）。

この養成講座で講師をするのが，**「認知症キャラバン・メイト」**です。自治体と協働して，地域や職域・学校などで，認知症サポーターの育成を担う役割が期待されています。養成研修を修了し，全国キャラバン・メイト連絡協議会が作成・管理する「キャラバン・メイト」名簿への登録によって，なることができます。

このキャラバン・メイトになって，認知症サポーター養成講座の講師として活動することで，受任につながったケースがあります。

法律分野の専門家が登録することはまだまだ珍しいのですが，法定後見や任意後見など認知症の方への支援と切り離せないため，**「行政書士です」と名乗っておく**ことで，他のキャラバン・メイトの方から相談や照会が来るのです。

■キャラバン・メイトとしての講演活動

　また，キャラバン・メイトになると，色々な場所で講演機会があり，人脈を広げることができます。

　一例を挙げますと，私は区役所からの依頼で，銀行の支店行員向けで認知症に関する研修を実施しました。地元の銀行とのつながりができたのはとても良かったです。

　また，一般の方を対象に区役所の会議室や老人ホームで研修を実施したこともあります。遠回りに思えますが，人脈を広げるのにはとても役立ちました。

Q16

地元での人脈を作るには どうすればよいですか？

A 町内会などで世話役を買って出るのも良いです。また，得意なことを活かした高齢者対象のレッスンや「教室」も意外に良いです。

Comment

■行政書士とは関係のない分野の語学レッスン（教室）

私はひょんなことから，知り合った方の自宅で英仏会話レッスンの教師をすることになりました。一見，行政書士の仕事とは関係ないのですが，相続案件の受任につながったこともあります。

そもそも，このレッスンを始めたきっかけは，認知症カフェで行った遺言のセミナーの後の無料相談会でした。80代半ばのご婦人（Bさん）から以下のような相談を受けました。

Bさん「私には，主人と2人の娘がいます。私の実家が資産家で，父が亡くなった時，その財産をめぐり兄と裁判沙汰になり大変いやな思いをしました。兄には自分の財産を渡したくありません。何か方法はないでしょうか。」

私「ご主人様と娘様が2人いらして，その娘様のお子様もいらっしゃるので，原則としてお兄様は相続人になることはありません。もしご主人様がお亡くなりになり，お子様，さらにお孫さんもいらっしゃらない状態で相

続が発生すると，お兄様は相続人になりえます。しかし，そのような状態であっても，お兄様には遺留分がありませんので，遺言書をお書きになればお兄さんに財産はわたりません。」

　Bさんは，とても安心されたようでした。そして，急にこのようなことを言い出したのです。

Bさん「今度うちに来て，主人の話し相手になってくれませんか？　記憶の呼び戻しのために英語を習いたいのだけど，高齢者なので，いわゆる英会話教室に行くのが恥ずかしいらしく…。」

　さあ，困ったな，と思いました。英語は得意ではあったので，引き受けることにしました。適切な書籍もなかったので，レッスンの教材も自分で作成しました。高齢者向けなので，「楽しく」を基本，モットーにして，懐かしい歌なども入れました。

　行政書士とは全く関係ないことのように思われるかもしれませんが，このような活動をしていることで，別の案件を受任したり，近所の相談者の方の紹介を受けることにつながりました。
　英会話に限らず，手芸やスポーツ，お花など，みなさんもお得意のことがあると思います。それを活かしてレッスンや教室を開催するのは，自分も楽しくて，定期的に顔を合わせることから受任にもつながるのでwin－winではないでしょうか。

Column2
英仏会話教室での鉄板ネタ

　参加するのは高齢者なので，英仏会話の目的は，あくまでも「記憶の呼び戻し」です。時間は30分をめどに，実施しました。英仏会話教室をやろうという方がどれほどいらっしゃるかはわかりませんが，参考までに鉄板ネタをご紹介しておきます。

　まず，好まれるのは昔の歌や生徒さんの趣味の話題，そしてジョークです。ちなみに，このような感じです。

●英語とフランス語の掛け言葉のジョーク

Q：What day is it today?

A：It's Tuesday.

Q：Ok Please write it down on this paper.

A：… Tu's day …（あなたの日（火曜日）です）

　（英語のTuesday と，仏語のTu's day をかけ合わせたジョークです）

Q：Oh my God！You have a very good sense of humor in both English and French !!

●英語と日本語の掛け言葉のジョーク

ここに醤油瓶があるとして，こういう会話があります。

Q：Please tell me how to use this bottle.

A：Ok I'll **show you.**（Laughing）（「しょうゆ」と「show you」を掛け合わせたジョーク）

　おあとがよろしいようで。

第3章

遺言・相続分野で
稼ぐコツとツボ

Q17

遺言・相続分野で稼げるのは 何ですか？

 執行です。銀行もこれで稼ぎます。

Comment ···

■遺言信託は銀行の商品名

　コマーシャルなどで銀行の言う，いわゆる「遺言信託」は，あくまで商品名です。委託者・受託者・受益者が絡む複雑な信託法の信託とは一線を画するものです。

　我々行政書士も，銀行で行っているこの遺言信託と全く同じことを業務として行えます。**任意後見契約や見守り契約，さらに死後事務委任契約などは，銀行では行わないので，こういった契約の仕事をセットにしてアピールするのも，銀行との差別化のための有効な方法となります。**

　特に，相続人のいない方については，見守り契約や任意後見契約から話を進めていくといいでしょう。亡くなったあとの葬儀や散骨など，自分の好きなように行ってもらうため，死後事務委任契約をセットで相談され申し込まれる方も増えてきています。

　銀行の遺言信託とは，遺言書の「①作成 → ②保管 → ③執行」という一連の流れのことを総称して言います。行政書士が請け負う遺言や相続の仕事と同じです。

　ここで，**一番稼げるのは「遺言執行」**です。コマーシャルの影響か，何となく「遺言信託」つまり「遺言執行」は銀行のものと思っている方が多いのではないでしょうか。私自身「元銀行員」ですが，別に銀行の専売特許ではありません。

　いわゆる遺言信託は，遺言書作成の相談受付から始まります。

　ここで自分を遺言執行者に指定してもらうことがポイントです。そうすれば遺言執行の仕事が，数年後に必ず来るのです。銀行はそれを知っていますから，遺言コンサルティングの際には必ず自行を遺言執行者に指定させるのです。

　ここで，一般的な遺言信託の報酬の相場についてまとめてみます。

【金融機関と士業の相場の違い】

		金融機関	士業	
①	遺言作成コンサルティング料	20万円〜100万円	無料〜10万円	①と②合わせて無料〜15万円程度
②	遺言書の文案作成料		10万円程度	①と②合わせて20万円〜100万円（執行前金を含む）程度
③	証人立会料	無料	1万円〜3万円	
④	遺言書保管料	年数千円	無料が多い	
⑤	遺言執行報酬	相続財産×○％（最低100万円など）	相続財産×○％（50万円〜100万円程度）	

　もちろん，士業といっても報酬が高い事務所もあると思いますし，さまざまだと思います。あくまでも私の考える相場です。

■銀行の「遺言信託」の内容

　銀行の遺言信託について，もう少し詳しく見てみましょう。

①　遺言書の作成相談

　これは，遺言書を作成するにあたってのアドバイスやサポート業務のことです。一般に銀行では，公正証書での遺言作成をルールにしており，遺言公正証書でなければ受け付けないところがほとんどです。

　この遺言公正証書は公証役場で公証人が作成します。その際の公正証書の立ち会いには，２人の証人が必要になります。証人は遺言執行者でも知人でも構いません。さらに，公証役場が第三者の証人を手配することもできます。通常，証人の費用は約１万円〜３万円程度ですが，公証役場で証人を頼むと，各公証役場によって若干異なりますが，おおむね証人１人当たり5,000円〜10,000円程度で紹介してくれます。

　また，遺言書の中で，遺言執行者の指定をすることができます。銀行では，この遺言執行者を当該銀行に指定してもらいます。

　この作成相談の段階で，銀行によっては，執行の前金のような形で数十万円，中には100万円近くを取るところもあります。

②　遺言書の保管

　出来上がった遺言公正証書の原本は公証役場が保管します。ですから，万一遺言公正証書（正本，謄本）を紛失しても，その「原本」は公証役場に保管されているので，遺言書自体が消えてなくなることはありません。

　「正本」は銀行が預かります。ここで遺言公正証書（正本）の保管業務が発生するのです。銀行によって，保管手数料（年間）の金額は異なりますが，おおむね年間で１万円前後です。

また，「謄本」は遺言者が保管することになります。

③　遺言の執行

遺言者が亡くなると，遺言執行者である銀行に連絡が入り，銀行から全相続人に対して，遺言執行者への就職通知を行います。郵送するのが一般的です。その際に遺言公正証書（正本）のコピーも同封します。

その後，遺言書に従って，遺言の執行が行われます。代表的な執行内容は，不動産の名義変更（相続登記）や，預貯金や株などの有価証券の解約，名義変更などです。

銀行は，一般に，財産に関する執行だけを行い，身分に関する事項の執行は行いません。

手数料や報酬金額は各銀行によって異なりますが，おおざっぱに申し上げて，最低でも100万円程度かかる場合が多いですし，これ以外に公証人への手数料支払いや，不動産名義変更（相続登記）にあたっての司法書士への支払い，その他必要に応じて税理士，行政書士等への支払いが発生します。

このように銀行の遺言信託はお金がかかります。とはいえ，信用力もあるので，例えば，お子さんのいない独身の方で相続人が兄弟姉妹しかいなく，相続財産を全額第三者に遺贈したい人などは，利用する方が多いのも事実です。

Q18

遺言執行を受任するには
どうすればよいでしょうか？

A 遺言コンサルティングの際に，遺言執行者として指名してもらう必要があります。行政書士ならではのトータルサービスをアピールしましょう。

Comment

■入り口は遺言書作成から

遺言書には，自筆証書，公正証書，秘密証書などの形式があります。

【遺言書の形式】

自筆証書	自分の手で書いた遺言
公正証書	公証人が作成した遺言
秘密証書	パソコン作成も可だが公証役場への持参が必要

ここでは，遺言公正証書について説明します（他の2つについては60頁参照）。

遺言書案作成（公正証書）の相談を受けたら，遺言書案をまとめ，公証人と打ち合わせを行います。その際に，遺言執行者が決まっていない場合は，指名してもらえるよう相談しましょう。行政書士ならではのトータルサービスをアピールするのがポイントです。

■行政書士ならではのトータルサービス

たしかに，銀行に頼むと信頼感が抜群です。しかし，支払う金額も高く，相続ではやることが決まっていて，自由な設計がしづらいです。そのため，ケースによっては，別途弁護士や行政書士に手続きを依頼する場面が出てきます。

ここで，**行政書士に頼むと，トータルサービスができる**のです。例えば，遺言の周辺業務である**見守り契約，財産管理契約，任意後見契約**，さらに**死後事務委任契約**などです。これらを銀行はやりませんが，行政書士なら請け負うことができます。

入り口の遺言書作成の相談の段階から，このことを懇切丁寧に説明して相談者と接していくことで，切れることなく仕事を取れるでしょう。

【トータルサービスの例】

見守り契約	見守り契約は，月1回の電話や訪問などで安否の確認を行うもので，報酬はそれぞれの状況に応じて数千円から数万円まで交渉可能です。
財産管理契約	財産の中で海外の銀行預金の話が出てくれば，解約や変更の手続きなどのアドバイスで，さらに手数料が入ります。
任意後見契約	公正証書にする必要があります。できたら，遺言公正証書と同時にできるとよいでしょう。相談の初めの段階から，遺言書案作成と任意後見の丁寧な説明をしつつ，両方の受任をアピールしていくことも，状況によっては必要でしょう。
死後事務委任契約	公正証書にすることもできます。亡くなったあとの葬儀や散骨などを自分の思い通りにしてもらうための契約です。遺言書作成とセットで説明すると全体像が把握しやすく，アピール力が大きいです。

■報酬についての取り決めをしておく

　金融機関等は，遺言書の中に執行報酬に関する条文を設け，その条文の中で，「遺言執行に関する約定書」や「遺言執行に関する合意書」などの書面に基づき計算した金額を執行報酬としています。受任した場合は，これらを参考に，報酬に関する約定書等を取り付けておく必要があります。

例1
第○条　遺言執行者に対する執行報酬は，遺言者が○○会社に差し入れた○年○月○日付け「遺言執行報酬に関する約定書」の規定に基づき計算した金額とします。

例2
第○条　遺言執行者に対する執行報酬は，遺言者が○○銀行に差し入れた本日付「遺言執行に関する約定書」の規定に基づき計算した金額とする。

　報酬金額をどのように「約定書」に書くかも，金融機関等によってさまざまですが，**「遺言執行に関する約定書／合意書」**の例を挙げます。

（遺言執行報酬）
第○条　遺言執行報酬は，遺言執行対象財産に対し，次の財産比例報酬区分に応じた料率を乗じて算出される金額とします。但し，当該合計金額が150万円に満たない場合には，150万円とします。

相続財産評価額	執行報酬料率
3千万円以下の部分	2.2％
3千万円超5千万円以下の部分	2.0％
5千万円超1億円以下の部分	1.7％
1億円超5億円以下の部分	1.0％
5億円超10億円以下の部分	0.7％
10億円超の部分	0.5％

※　ここで，相続財産評価額とは，遺産執行対象財産の債務控除前の相続税評価額
　　とします。また，宅地等の相続税評価額は，小規模宅地等の評価特例適用前の価
　　額とします。

さらに，この「遺言書に関する約定書／合意書」には，以下のような遺
言執行者への就職の辞退の条文も入れておくと後々よいでしょう。執行ま
でに数十年かかることもあるからです。

（遺言執行者への就職の辞退）
第○条　次の場合には，遺言執行者への就職を辞退できるものとします。
　　　① 　私および私の相続人，受遺者等の間や，相続財産について係争が生じ
　　　　 ているか，係争が起こる可能性が高い場合
　　　② 　私の相続人，受遺者等の必要な協力が得られない場合
　　　③ 　私の相続財産が本公正証書の内容と極端に相違していることが判明し
　　　　 た場合。または，本公正証書の内容から大幅な変動があった場合
　　　④ 　その他，当方が止むを得ないと判断した場合

Q19

遺言執行をスムーズにするには どうすればよいですか？

A ポイントは，相続財産取得承認（承諾）書を受領することです。

Comment

■遺言執行の流れ

では，遺言執行の手順の全体像を見ていきましょう。おおむね以下のような順番で進んで行きます。

1．死亡連絡
2．遺言の開示
　①　遺言の開示
　②　相続の承認（相続を放棄する人もいます）
　③　除籍謄本で死亡確認
3．遺言執行者就職の通知
　①　遺言執行者就職通知書の送付　　民法§1007条（遺言執行者の任務の開始）
　②　税理士の選定（相続人自身での依頼も可）
4．相続財産のお預かり
5．相続財産の調査，貸金庫の開閉・中身の確認
6．財産目録の交付　　民法§1011条（①目録作成　②交付）
7．相続財産の名義変更・換価処分（解約）
　①　銀行預金は解約し，分別口座へ一括管理する
　②　株式については，相続人の意向を確認し，解約か名義変更を行う
　③　不動産については，相続登記を司法書士に依頼する
8．相続財産の引渡し
9．分配金の振込，執行報酬の収受

■相続財産取得承認（承諾）書のススメ

　執行は基本的に事務処理ですが，この事務処理をスムーズに行うために
は，相続人の協力が不可欠です。

　その為には，遺言の開示をした後，遺言執行者に就職する通知を送る前
に，相続財産の取得にあたっての了解を取る承認書（相続財産取得承認（承
諾）書）を相続人から受領することが有効です。それにより，遺言の執行
がよりスムーズに進められます。

　相続財産取得承認（承諾）書の受領が，スムーズな執行のための潤滑油
になるのです。

　相続財産取得承認（承諾）書の文例は，以下のとおりとなります。

相 続 財 産 取 得 承 認 （ 承 諾 ）　書

令和　○年　○月　○日

○○事務所　　様

　（相続人）
住所

　　　　　　　　　　　　　　　　　　　　　実印

氏名

　私は，故○○○○の遺言（平成○年○月○日東京法務局所属公証人○○作成，
平成○年第○○号遺言公正証書）による私あての相続財産の**取得を承認いたし
ました**。
　つきましては，遺言執行者に就職のうえ，私が取得する財産について，遺言
の各条項に従って速やかに，**遺言執行の手続を進めるよう依頼します**。

Q20

遺言書の開示は
相続人全員にするのですか？

A 基本的には相続財産を受け取る相続人に開示します。相続人が海外にいる場合は，必要に応じて郵送します（郵送開示）。

Comment ....

■死亡連絡について

　一般的には，あらかじめ受領している**「相続開始通知人届」**に書かれている人から死亡連絡が入ります。その通知人が，遺言者より先に死亡した場合は，**「相続開始通知人変更届」**を受領しておきます。

　遺言執行者は死亡連絡を受けた上で，除籍謄本で死亡を確認します。原戸籍を含めた除籍謄本や住民票などは相続人に取得してもらってもいいですが，行政書士の仕事として引き受けても構いません。ただ，印鑑証明書だけは，本人でないと取得できませんので注意してください。

　その後，相続人に遺言書を開示し，その上で遺言執行者への就職通知書を相続人に送付します。

　開示の際には，除籍謄本で被相続人の死亡を確認することと，相続関係図で他に死亡している相続人がいないかを確認することが必要です。

■遺言書の開示

遺言書の開示場所は，特に決まりはありませんが，相続人の代表者の自宅で行われる場合が多いでしょう。

開示の席に呼ぶ人は，原則として相続財産を受け取る相続人です。相続人の配偶者など相続人以外の第三者が開示の席に参加したい旨の連絡があった場合は，参加される相続人全員の了解があれば構いません。

海外にいる相続人に対する開示については，郵送で行う郵送開示あるいは日本に一時帰国した際に別途開示するやり方でも構いません。ただし，このような海外にいる相続人については，現地の総領事館でのサイン証明（印鑑証明書にあたるもの）と在留証明（住民票にあたるもの）が必要になる場合があります（実際に海外にいても，住民票を抜かずに出国し，日本で住民票や印鑑証明書が取れるケースもあります。住民票を抜くのを単純に忘れていたというケースは少なく，なんらかの事情によるものです）。

また，認知症で判断能力のない相続人がいる場合には，後見人を立ててもらう必要があります。

■就職の通知

相続財産を受け取る相続人全員から「相続財産取得承認（承諾）書」を受領したら，全相続人に，遺言執行者に就職した旨の就職通知書を郵送します。

中には，住所相違で郵便が戻ってくる場合があります。その際は，他の相続人に問い合わせるなどして対応する必要があります。

■税理士の選定

　開示・就職通知後は，必要であれば，相続人の意向を確認しながら税理士を選定します。相続税の支払期限もあり，税理士の紹介選定はなるべく早い時点で行ったほうが良いでしょう。

　ここで，司法書士と税理士等への支払いは，遺言執行の報酬とは別である旨，念を押しておくことが大切です。この説明はくどいぐらいにしないと，あとあと報酬などお金の面で揉めることになりがちです。

Q21

相続財産を預かる場合の
注意点はありますか？

 分別口座を作って管理しましょう。

Comment

■分別口座を作る

開示後は，財産調査を行い，財産目録を作成した上で，相続人に財産目録を交付し説明します。

相続財産を預かるにあたっては，被相続人の財産をまとめて管理する分別口座（預り金口など）を相続人ごとに作成します。

銀行預金や株式の解約資金はこの分別口座に集中させます。

ちなみに，不動産は，相続登記が必要になりますので，司法書士に依頼することになります。行政書士として窓口になって司法書士と連絡を取りましょう。

分別口座に集まった資金については，最終的には分別口座を解約し，遺言書に従って関係する相続人や受贈者に分配します。

■金，札束，ゴルフ会員権，別荘の権利証等の取り扱い

時折，被相続人の貸金庫の中から，意外なものが出てくることがあります。金の延べ棒や，札束，ゴルフ会員権，別荘，権利証などです。これら

は，一般的には，遺言書に書かれている「その他財産」の部類に入ります。

■株の取り扱い

株式を受領する相続人に対しては，名義変更するか解約するかを確認して，相続人から「名義変更または換価処分手続依頼書」を受理します。その後は，換価処分，名義変更を粛々と進めていきます。

■海外の銀行預金の取り扱い

海外預金については，まず遺言書の内容を確認する必要があります。遺言書で，海外預金が執行対象外になっている場合は，タッチできません。執行対象になっていれば，遺言執行者は海外の銀行と連絡を取って解約送金の手続きを行います。

ただ，この海外預金口座がJoint Accountの場合は，**自動的に他の生存名義人のものになり相続は発生しません**ので注意が必要です。

Q22

残念ながら，遺言執行者に
なれなかったのですが？

A 遺言執行者を逃しても，遺言執行者の履行補助者を狙い
　 ましょう。

Comment

■履行補助者

　遺言執行者が，さまざまな理由で，その職務を遂行できないときがあり
ます。その時に，一つの方法として，遺言執行者の履行補助者として遺言
執行者のお手伝いをする方法もあります。

　遺言書を作成した時点がかなり昔だと，遺言執行者が高齢化していて執
行をすることができないケースもあります。私の依頼者は以下のようでし
た。

依頼者「実は主人が最近亡くなったのですが，主人は10年前に遺言書を作
成し，私が遺言執行者になっているのです。当時は軽い気落ちで引き受け
たのです。でも，実際に遺言執行者となったはいいものの，私も今は89歳
で，面倒臭いことはやりたくないし，一体，何をしたらいいかよくわから
ず，困っています。息子はおりますが，頼りになりません。」

私「わかりました。遺言執行者は，あくまでも奥様のままとして，その遺
言執行のお手伝い，つまり遺言執行者の履行補助者としてお手伝いいたし
ましょう。つまり，相続人でもあり遺言執行者でもある奥様と履行補助者
になる私とで，遺言執行の履行補助に関する委任契約を結ばせていただき，

私が，遺言執行の補助をさせていただきます。奥様は基本的に何もなさらなくて結構です。必要に応じて，ご連絡をし，ご協力をお願いすることになります。報酬も別途頂戴いたします。息子様にも了解をとっておいて下さい。」

そして，以下のような委任契約書を取り交わした上で執行をお手伝いしました。報酬金額は執行相応にいただきました。

【「遺言執行の履行補助に関する委任契約書」の例】

遺言執行の履行補助に関する委任契約書

　被相続人○○○○の遺言書（平成○年○月○日作成……）において指定された遺言執行者△△△△は，甲野太郎（以下受任者という。）との間で，受任者を遺言執行者の履行補助者として，受任者に遺言執行の補助をさせることについて，次のとおり委任契約を締結します。

第1条　遺言執行者は，遺言執行の手続に関して，受任者に次の各事項を委任します。
　　⑴　遺言執行対象財産目録の作成・交付の補助
　　　　……
　2．遺言執行者は，委任事項を遂行させるため，受任者に次の権限を付与します。
　　⑴　被相続人の取引する金融機関等への残高等照会および……
　　　　……
第2条　遺言執行者は，遺言書に基づく遺言執行について全ての権限と職責を有するものとし，これを補助する受任者に対し委任事項について随時必要な指示を与え，受任者はこれに従うものとします。
　　　　……
第3条　遺言執行者は，……受任者が委任事項を円滑かつ適正に遂行するために必要な協力を行うものとします。
　　　　……
第4条　遺言執行者は，委任事項の遂行に係る報酬等として，別表に定める「報酬規定」による報酬等を受任者に支払うものとします。
　　　　……

第4章

執行につながる遺言書作成相談のコツとツボ

Q23

遺言書作成相談の報酬は どのくらいですか？

 文案作成でおおむね10万円程度です。

Comment

■無料相談からのスタート

遺言書作成相談は，まずは無料相談からする場合もありますし，相手の遺言作成の意思が明確な場合は，有料でスタートすることもあります。

次に，公正証書遺言の場合は，立会人として「証人」になる場合の手数料があります。

相談から文案作成，公証役場との打ち合わせや調整などのコーディネーターとして行動した労力も含めて，**トータルで10万円程度が相場**ではないでしょうか。

前述のとおり，この遺言書作成相談は**稼げる「執行」につながるようにしていくべき**でしょう。

■遺言書の種類から説明する

相談者は，多くの場合遺言書についてあまりよく知りません。まずは遺言書の種類から説明する必要があります。

遺言書には，**自筆証書**と**公正証書**，**秘密証書**があります。

　自筆証書は，文字通り自分で書いたものです。相談を受けていると，自筆で遺言書を書きたいという気持ちを持っている人は意外に多いです。最初は自筆のほうが書きやすいので，とっつきやすいのかもしれません。

　ただ，自筆証書であれ公正証書であれ，長所短所を説明し，相手が理解し納得した上で，最終的にどちらにするかは本人の選択に任せるしかありません。特定の形式の遺言書への誘導や無理強いは避けなければなりません。

　公正証書は，元裁判官や元検察官等が務める「公証人」に遺言書を作成してもらうものです。公証人が執務する公証役場で作ってもらいます。公証役場は全国に約300あります。

　公証人はパソコンで公正証書の遺言書を作成しますが，この原案を行政書士が作成します。

【メリット・デメリット】

遺言書の種類	メリット	デメリット
自筆証書	・簡単に作れる ・秘密にしておける	・不備で無効になるケースがある ・紛失しやすい ・家庭裁判所による検認の手続きが必要
公正証書	・紛失や偽造のおそれがない ・検認は不要	・証人が必要 ・公証役場での作成料がかかる

　ここで，「検認」とは，家庭裁判所が「こういう遺言書がありました」ということを確認するものです。遺言書の有効性，無効性を確認するものではありません。遺言書の偽造・変造を防止し，その保存を確実にするための検証手続きです。公正証書以外の遺言書について必要になります。

　この手続きには，**およそ1カ月以上**かかります。

ちなみに，紛失のデメリットについては，**手書きの自筆証書遺言を法務局へ預けられる制度**が2020年7月から始まりました。手続き時に職員が日付や押印の有無など形式の不備をチェックします。

　自ら保管するより遺言書が無効となる可能性は減りますが，内容の相談はできません。「遺言書を書く能力があるか，無理に書かされていないか，本人の意思を反映して正確に書けているかなどは判断できない」（法務省担当者）ため，預ければ有効と保証されるわけではないことに注意が必要です。

■秘密証書遺言とは

　秘密証書遺言とは，パソコンなどで遺言書を作成し，署名・封印など一定の法律要件を満たせば有効なものとして認められるものです。遺言者が遺言内容を誰にも知られたくないという場合に使われていますが，実際にはほとんど使われていないのが現状です。秘密証書遺言の場合は，内容を秘密にすることはできますが，自分が遺言書を作成してから，その作成した遺言書が秘密証書遺言であることを公証人と証人に確認してもらう必要があります。また，遺言者が亡くなったときは，検認手続きが必要となります。

　どの形式で遺言書を作成するかについては，相談者の意向をよく確認しましょう。それぞれのメリット・デメリットについて理解した上で決めてもらいましょう。

Q24

「遺言書を作成しましょう」と アドバイスすると相談者が 身構えてしまうのですが？

A 誰しも遺言書作成には抵抗があるものです。法律がわからないし，難しそうという印象もあります。遺言書作成は「付言」からアドバイスすると，進めやすいです。

Comment

■遺言書の形式

公正証書遺言はおおまかに言うと以下のような内容が書かれます。ここで，付言は，一番下にある部分です。

公正証書遺言
遺言事項
予備的遺言
祭祀承継者
遺言執行者
(付言事項) 　　　平成　　年　　月　　日 　　　遺言者の住所及び氏名

■付言とは

　遺言書の記載事項には，法的効力を持つ**「法定遺言事項」**と，法的拘束力はないが書いておくと良い**「付言事項」**の2つがあります。

　法定遺言事項だけ書けば遺言書として効力を発揮しますが，付言事項も書くことで，なぜそういう遺言をしたのか，家族に想いを伝えることができます。

　改まった手紙ではなく，遺言書の中で今までの気持ちを伝え残したい，と考える人は意外に多いのです。

　特に，妻，家族，障がいを持った子への想いや，団体への遺贈の理由について自分の想いを伝える場として，最後の自分の気持ちを遺言に託すのです。まさに，遺言の付言の有効活用の場が，ここにあります。

■遺言作成は付言から

　法律で堅苦しい印象のある遺言書ですが，付言のことから話を進めることにより，話がしやすくなり，遺言書を書こうという気になる方が出てくることもあります。

　一般的には，財産の配分についての理由を付言で述べることが多いです。例えば，長男に現金の配分を多くしたのは，お墓の面倒を見てもらうためだ，とか，長女に自宅をあげるのは，独身の長女が一緒に住んで面倒を見てくれているから，などの理由が多いです。

　典型的な例文を一つ挙げてみましょう。夫婦と子供2人の4人家族の，父親の付言です。

　私の財産の相続について，自らの考えを実現するために，この遺言を作成しました。昭和〇年に，京子と結婚し，恵美と翔太を授かり，良き妻と愛する子供たちに恵まれ，幸せな人生を送ることができました。財産の配分にあたっては，京子が生活に困らないよう，不動産と金融資産の一部を京子に相続してもらいます。残りの金融資産は，恵美と翔太に均等に配分しますので，これからの生活が一層充実したものとなるよう，それぞれ有効に活用してください。そして，私と苦楽を共にしてくれた京子が今後の人生を幸せに送れるよう，恵美と翔太が見守ってあげてください。よろしく頼みます。

　なお，京子が私より先に亡くなった場合，不動産は翔太に託します，売却してもらって構いませんので，よろしくお願いします。

■ラブレター風付言

　ただ，相続人が数人いる場合でも，財産の配分には一切触れず，夫が妻と初めて出会った時から今までの苦労と感謝を述べる人生最後のラブレターを書いた付言でも結構です。書いた本人の満足度も高いです。

　夏の夕暮れの〇〇川の海岸で，私はあなたに初めて会いました。

　あれから60年あまりになりますが，長い間本当にご苦労様でした。定年後，国内は箱根，海外はハワイに旅行しましたね。楽しい思い出がいっぱいです。本当に幸せな人生を送ることが出来て，心から感謝しております。これからは，ゆっくり休んでください。

ケイちゃんへ

タカシより

Q25

付言には他にどのようなものが
ありますか？

A
メッセージを伝えるだけでなく，お願い事を入れるもの
もあります。

Comment

■子供達に伝えたい付言

　母子家庭である母親の付言。子供達がまだ小さい頃に，先に亡くなった
自営業者の夫の生前の苦労を子供達に伝えるものです。

> 　不運にも片親となってからも，誰も道免れることもなく，大学を卒業し立派な
> 社会人になってくれました。その陰には，お父さんの長い苦労があったことを忘
> れてはなりません。お父さんは，戦中生まれで生後五か月で父親を戦争で亡くし，
> 父親の顔は一度も見たことがありませんでした。再婚者の叔父には，使い走りさ
> せられ，食事抜きも日常茶飯事だったと聞いています。
> 　　　　　　　　　　……中略……
> 　最後の息を引き取る迄，「会社を頼む，子供を頼む」と弟達に言っていました。
> のど仏の骨までおかされて，出ぬ声を精一杯の声で……今でも忘れません。敬は，
> お父さんのように長男としての責任を持ち続け，これからの〇〇家をしっかりと
> 支えていって欲しいと思います。健と良美は，敬をそっと支えてあげてください。
> お父さんと私のお金を受け取ってください。このお父さんの血と汗で築いたお金
> を決して争いなく，無駄にすることなく使ってください。実になる使い方が，せ
> めてもの父への恩返しです。
> 敬，健，良美へ
>
> 　　　　　　　　　　　　　　　　　　　　　　　　　　　　お母さんより

■遺言執行や墓守について触れた付言

　先に亡くなった母とご主人を思いやる文言を入れた付言ですが，ここでは，遺言執行者である○○に任せる，という趣旨の文言を付言に入れたことが大きなポイントであり，アイデアでもあります。この文章があることにより，執行がよりやりやすくなるのです。墓守のことも書かれていますので，参考にしてください。

　ようやく，母や主人に再び会えると思うと，とてもうれしくなります。

　私は，親不孝や夫に苦労をかけることを沢山してきました。若くして夫を亡くして，生活のために祖母と私を養って来た母とは，一日でも永く一緒にいてあげるべきだったのに，年老いてから何年も一人で生活をさせていました。
　夫には，また，○○の中央研究所に招かれたのに，私と母のために家業の○○業を引き受けさせて，好きな研究所行きを諦めさせてしまい，申し訳ない事をした，とずっと心の中で謝ってきました。
　さて，子供達に残すいささかの財産については，その手続きが円滑に進むように，○○さんに執行もお願いしましたので，信頼して任せてください。
　出来るだけ平等にすべきなのでしょうが，○○家を継承していき，墓守もお願いしたいので，賢には私としては充分な配分をしたつもりです。
　どうぞ，その意を汲んで，賢と真の二人で相談して仲良く生きていってください。私の人生は，苦労もありましたが，概して楽しい人生だったと思っています。今まで，ありがとうございました。

■事実婚パートナーへの付言

　LGBT（性的少数者，セクシャルマイノリティ）で事実婚のパートナーへの付言で，遺言者は30代です。両親とは死別しており，相続人である兄弟姉妹ではなく，一緒に生活して，自分を一番理解してくれているLGBTのパートナーへの気持ちを伝えるものになります。

いつも私を助け，支えてくれた○さんに，全財産を残したい。そして○さんの幸せを願いこの遺言書を作りました。感謝の気持ちを込めて「ありがとう」の言葉を残します。

■妻と障がいのある息子への付言

　妻と，障がいを持った一人息子にあてた付言です。財産配分については，付言では一切触れていませんが，息子の成年後見人にもひとこと触れています。

のり子さんへ
　結婚したのは，お父さんが30歳で，お母さんが27歳の時でした。それ以来，今日まで43年間ともに暮らして来ましたね。43年間といえば，親と暮らした年月よりもずっと長いですね。他の誰よりも一緒に暮らして来ましたね。こんなに長く暮らせたのは，のり子さんのお陰かもしれません。感謝しています。

　信ちゃん，お父さんです。
　これを信ちゃんが読む頃は，お父さんは死んで○○町の墓の下にいます。
　お父さんが死んだ後は，信ちゃんがどのように暮らしていけばよいか考えていましたが，これからの人生，どんな山や谷があるかもわからないので，その時のために遺言執行者の○○さんと，成年後見人にお父さんの思いを託すことにしました。
　信ちゃんとは，楽しい思い出がいっぱいありましたね。○○に来てからも，スケートやプールにお母さんと3人で一緒に行きましたね。お父さんの行くところに，嫌な顔もせず，よくついてきてくれましたね。みんな楽しい思い出です。
　お父さんが亡くなった後も，草葉の陰から，信ちゃんの事を見守っているので，安心して楽しい人生を送ってください。
　さよならとは言いません。またあの世で再会して遊びまくりましょう。

■注意を要する付言

　次は，財産を与えない相続人に依頼事をする付言（注意を要する付言内容）です。法的拘束力はないので，トラブルが起こりやすくもなります。

　被相続人は，子供がいない独身女性で，相続人は兄弟姉妹のみですが，兄弟姉妹には一切渡さず，全財産を姪（A）に遺贈する内容です。遺言者と姪とは，境遇が似ており（2人とも独身。姪はバツイチ），仲が良かったそうです。

> 　私は，今後とも姪高橋節子が，末永く平穏な生活を送れることを願って，これを遺言しました。なお，不動産について困ったことがあれば，共有者の長男鈴木一夫さんに相談に乗ってもらいなさい。また，保有し続けることが難しいと感じたならば，売却することも含め相談するように。鈴木一夫さんには，気持ちよく姪の相談に乗ってあげてください。

　ここでのポイントは，財産を渡さない甥（B：鈴木一夫さん）に対して，財産を全部渡す姪（A：高橋節子さん）に不動産の件で協力するよう，「付言で」依頼している点です。この協力依頼については，事前に遺言者から甥（B）に話しておらず，甥（B）は遺言開示後初めて遺言の内容を知った次第です。また，甥（B）と姪（A）との仲は，疑問符が付く状態でしたので，たとえ，付言に法的拘束力がなくても，将来のトラブルを防止する上で，可能な限り遺言者から甥（B）に付言の内容を伝え，事前に了解をもらっておいたほうが良いと思われる例です。

　「相談に乗ってあげよう」と思うか，「ふざけるな！」と思うかはその人次第です。法的拘束力がないにしても，この付言での依頼が吉と出るか，それともトラブルを生むかはわかりません。できれば，付言で他人に依頼事を書くのは避けるようアドバイスしたほうがいいでしょう。

Q26

予備的遺言はアドバイスしたほうがよいですか？

A もちろんです。財産を受け取る相続人が高齢の場合や病弱な場合は予備的遺言を書いておくようにしましょう。これは盲点なので，このアドバイスをすると感謝されます。

Comment ···

■予備的遺言とは

　相続人が，遺言者より先に死亡した場合に役立つのが予備的遺言※です。予備的遺言があると，執行がスムーズに行えます。これがない場合は，相続人全員による当該財産の遺産分割協議が必要となります。

　相談者は，予備的遺言まで書くことができる事に気がつかない場合があるので，ここを丁寧に説明し，アドバイスすることで信頼につながるでしょう。

　※　予備的遺言を，補充遺言という場合もあります。どちらも同じ意味です。

　予備的遺言が実際にどのように役に立つのか見ていきましょう。

事例　遺言者Aは79歳／独身女性／子供なし／両親死去／ 3 人兄弟姉妹の長女
遺言作成時の推定相続人は 2 人（妹B（妹には長女X，長男Yの 2 人の子供あり），弟C）

遺言者A 遺言書作成（79歳）		遺言者A死亡 （84歳：執行開始）

妹B死亡

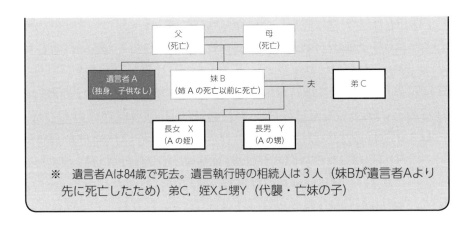

※　遺言者Aは84歳で死去。遺言執行時の相続人は3人（妹Bが遺言者Aより先に死亡したため）弟C，姪Xと甥Y（代襲・亡妹の子）

　遺言書作成の動機は，独身で子供がいないため，兄弟姉妹，甥姪が困らないように遺言を準備しておきたいからとのことでした。妹Bに予備的遺言を入れた理由は，妹は2歳年下ではあるものの，持病があり身体が弱かったためです。実際の執行時（遺言書作成から4年後）には，この予備的遺言があったので執行がスムーズに行われました。

第○条　遺言者Aは，Bが遺言者の死亡以前に死亡した場合は，本遺言によりBに相続させるとした財産を，遺言者の姪（Bの長女）・X（平成○年○月○日生）及び同甥（Bの長男）・Y（平成○年○月○日生）に均分して相続させるものとする。

※　全く同じ内容ですが，もう少しスッキリした書き方として，以下のような文章でも構いません。

第○条　遺言者Aは，Bが遺言者の死亡以前に死亡した場合は，本遺言によりBに相続させるとした財産を，次の者に均等に相続させるものとする。
(1)　Bの長女・X（平成○年○月○日生）
(2)　Bの長男・Y（平成○年○月○日生）

予備的遺言では，必ずしも，甥と姪の２人にする必要はありません。第三者でも良いですし，甥か姪の１人だけでも構いません。甥Yだけにした場合の予備的遺言の例文は，以下のとおりです。

第○条　遺言者Aは，Bが遺言者の死亡以前に死亡した場合は，本遺言によりBに相続させるとした財産を，遺言者の甥（Bの長男）・Y（平成○年○月○日生）に相続させるものとする。

※　実際の執行時には，妹Bはすでに死亡していました。遺言書の開示の時には，この予備的遺言の箇所を読み上げて極力丁寧に説明をし，Bが受け取るはずだった財産は姪のXさんと甥のYさんに行くことにXとYの了解を求めました。

　遺言者が，自分の財産の配分を事前に推定相続人の誰まで話をしているかはケースによりさまざまですが，遺言開示の時には，その時の相続人に遺言書の内容を丁寧に説明し，了解を得て協力してもらうことが，その後の執行をスムーズにするポイントです。

【妹Bが，姉A（遺言者）より先に死亡した場合】

1　妹Bの予備的遺言（補充遺言ともいう）がある場合
・補充先が，甥Yのみであれば，Bへの財産は，甥Yに行きます。姪Xには行きません。
・補充先が，XとYの２人であれば，Bへの財産は，XとYに行きます。
したがって，執行は，予備的遺言通りに行えばいいので，やりやすいです。
2　妹Bの予備的遺言がない場合
Bが取得する相続財産について，相続人全員で遺産分割協議が必要になります。

※　ここで注意しなければいけないのは，Bが取得する相続財産は，Bの子であるXとYに代襲相続されるのではないということです。この点については，以下の最高裁の判例があります。合わせて民法第994条第１項の条文もご参照ください。

> **民法第994条第1項** 遺贈は，遺言者の死亡以前に，受遺者が死亡したときは，その効力を生じない。
>
> **判例** 遺産を，特定の推定相続人に単独で相続させる旨の遺言をした遺言者は，通常，遺言時における特定の推定相続人に当該資産を取得させる意思を有するにとどまるものと解される。その推定相続人が，遺言者の死亡以前に死亡した場合には，推定相続人の代襲者その他の者に遺産を相続させる旨の意思を有していたとみるべき特段の事情がない限り，その効力を生ずることはないと解するのが相当である。（最判平成23年2月22日）

■予備的遺言を書いてもらうには

　相談者は，なかなか予備的遺言を書くことまで気がつきません。できる限り丁寧に説明し，アドバイスをして書いてもらうことで，自分が遺言執行者になった時に，遺言の執行がとても楽になります。

　特に，財産を受け取る推定相続人の年齢が高い時や，推定相続人が若くても入院しているなど懸念事項がある場合には，予備的遺言をおすすめしましょう。

Q27

夫婦で遺言書を作成してもらう場合の留意点はありますか？

A　ご夫婦のどちらかから，不動産などの流れ込み財産が予想される場合の予備的遺言条文も準備します。

Comment

■同時作成はご夫婦の温度差がないように

夫婦で遺言書を作成する場合，夫婦で同時にそれぞれの遺言書を作成することが多いとは思いますが，ご夫婦のどちらか一方が先に遺言書を作成し，後日，他方が作成することもあるでしょう。無理強いはせず，その時のお互いの気持ちを最優先に，あくまでもお2人に決めてもらう姿勢と態度で話を聞き，進めていくのがよいでしょう。

あまりにも強くすすめると，ご夫婦の温度差から夫婦喧嘩に発展して，最終的には苦情につながることがありますので注意が必要です。相手（ご主人や奥様）の言葉などから心情を探りながら，納得してもらえるように丁寧に対応する必要があります。

■夫婦相互遺言のポイント

夫婦相互遺言では，夫婦それぞれの遺言書にお互いの予備的遺言を入れておくことがポイントです。特に不動産の流れ込みがある場合の予備的遺言の書き方には注意しましょう。

> **事例**　※　ここでは遺留分などは考えないものとします。事例は簡略化しています。
> 夫（○○達夫）の相続財産：不動産（自宅）と現預金
> 妻（○○陽子）の相続財産：現預金
> 子供が1人（○○一郎）

まず，夫の遺言書から見ていきましょう。

（遺言の目的たる財産）
第1条
　1．不動産（自宅）東京都渋谷区……
　2．現預金　　　　○○銀行……
（相続）
第2条　遺言者は，第1条1に記載の財産を，遺言者の妻・○○陽子に相続させる。
　　　……
（予備的遺言）
第3条　遺言者は，前記・○○陽子が遺言者の死亡以前に死亡した場合は，本遺
　　　言により○○陽子に相続させるとしたものを，○○一郎に相続させる。

　妻の遺言書の場合は，上記の予備的遺言とは別に，もう一つ，夫からの流れ込み財産（特に不動産）についての予備的遺言も書く必要があります。つまり，予備的遺言の条文が2つあることになります。以下，その書き方の例を見てみましょう。

（遺言の目的たる財産）
第1条　現預金　○○銀行……（＊妻の遺言書には，不動産の記入はありません）
（相続）
第2条　遺言者は，第1条に記載の財産を，遺言者の夫・○○達夫及び長男・
　　　○○一郎に均分して相続させる。
（予備的遺言1）
第3条　遺言者は，前記・○○達夫が遺言者の死亡以前に死亡した場合は，本遺
　　　言により○○達夫に相続させるとしたものを，○○一郎に相続させる。

（予備的遺言 2 ）
第 4 条　遺言者は，第 1 条に記載の財産とは別に，遺言者の相続開始の時に次に
　　　　記載の財産を有していた場合は[※]，当該財産を，前記・○○一郎に相続さ
　　　　せる。
（財産の表示）
　　　不動産（自宅）東京都渋谷区……

※　この財産こそが，夫の財産の自宅です。

　妻が遺言書を作成する時には，夫は生存しているため，自宅はまだ夫名
義です。自宅は妻のものではありません。ただ，夫が妻よりも先に死亡し
た場合は，夫の遺言書により，夫名義の不動産（自宅）が妻のものになる
ため（これを流れ込み財産といいます），その自宅を誰に相続させるかを決
めておく必要があるのです。それが，この第 4 条の予備的遺言の役割なの
です。

Q28

遺留分侵害の遺言書を
　　　　作成して大丈夫ですか？

A　減殺請求される可能性について納得してもらってから作
　　成しましょう。紛争になってしまうと行政書士の手には
　　負えません。

Comment ···

■妻に全部相続させたい，子供に渡したくないという事例

　ある日，私のもとに高齢のご夫婦が相談に訪れました。子供が 2 人いる
が，事情があり子供に相続させたくないというものでした。

　以下は，この事例遺言書の案です。第 2 条（太字）が，遺留分侵害になっ
っている条文です。

第 1 条
　　　　1．不動産（自宅）……
　　　　2．現金・預貯金等　……
　　　　3．その他の財産　……
**第 2 条　遺言者は，第 1 条各号に記載の財産を，遺言者の妻・〇〇〇〇（昭和〇
年〇月〇日生）に相続させる。**

　遺留分を侵害する遺言書は，当然には無効となりません。減殺請求しう
るのみです。ご家族の事情ですから，引き受けてもよいですが，将来的に
遺言の執行で揉める可能性が高いことを念頭に慎重に対応することが必要
です。

なぜそのような配分とするのか，家庭の事情も考慮の上，第三者が総合的に判断して合理性があり納得のいくものであるかどうかを見極める必要があります。

　また，遺留分を侵害される推定相続人の了解がない場合や，連絡が取れない場合に，減殺請求があった時に相続人の間で対応できる状況をどう用意するか，について記録を残しておく必要があります。

■排除型の遺言

　遺留分侵害にあたって，特定の相続人を排除する目的の遺言には要注意です。執行の際の揉め事の一因にもなりかねません。執行がしにくくなる可能性があります。

　また，付言を十二分に活用しましょう。相談者が受け入れるかどうかは別にしても，このような場合には付言が極めて重要な意味を持つ可能性があることを相談者にアドバイスすることはとても重要です。

　参考までに，上記の事案で，遺言書ではなく遺産分割協議書の作成依頼であった場合はどう対応すべきかについても考えてみましょう。

　相続人全員が納得，了解しなければ遺産分割協議は成立しません。相続人全員が合意できる見通しがあるのか，ないのかを見極める必要があります。

Q29

老人ホームに入居されている方 の遺言書作成上の留意点は ありますか？

A 入居金返還請求権への記載を入れることです。入居契約 上の受取人と遺言書上の受取人との整合性を確認し，ア ドバイスしましょう。

Comment

■入居返還金の受取人

　民間の有料老人ホームに去年入居された方から，遺言書作成のサポート の依頼を受けました。時々あるのが，入居金返還時の受取人を入居時に誰 にしたかを失念してしまい，遺言書で別の人に指定するケースです。

　以下に，入居金返還請求権に関する条文の記入例（太字）をご紹介しま す。

第1条
　1．不動産　……
　2．現金・預貯金　……
　3．入居金返還請求権
　　　遺言者と株式会社○○（所在地：東京都○○区……）との間の，○年○月○日付「○○利用契約書」に記載の遺言者が，同社に対して有している入居金返還請求に関する一切の権利。
　　　なお，当該契約に指定されている返還金受取人は，契約上便宜的に受取人として指定したものであり，同人に返還金を相続させる趣旨ではなく，当該返還金の帰属は，本遺言に従うものである。※
　4．その他の財産
　　　上記1から3までに記載以外のその他一切の財産

※　遺言書の作成にあたっては，この「なお」以下の文章（上記下線部分）を入れるのがポイントです。

　遺言書作成者が，遺言書作成時，すでに有料老人ホームに入居していた場合は，この遺言書案で大丈夫です。

　ただ，入居金の返還請求については，各施設によって償却期間が異なります。償却期間が過ぎてしまっている場合入居金は返還されません。

Q30

遺言書作成後に
老人ホームに入居される場合の
留意点はありますか？

 入居資金の出所を確認しておきましょう。

Comment

■遺言書作成後に入居する場合の留意点

　遺言書作成後に有料老人ホームに入居する場合は，その入居資金の出所を確認しておくことが重要です。自分の財産からではなく，長男や長女が負担している場合もあるからです。さらに，自分の財産であっても，自宅など不動産を売却して，その売却資金から出していた場合などは，遺言で自宅を受け取れるはずだった相続人は，その自宅をもらえなくなってしまいます。必要であれば，配分について遺言書の書き直しが必要になる可能性もありますので，遺言者と相談・検討する必要が出てきます。

■複数の老人ホームを転居する場合の留意点

　また，最近は，1つの有料老人ホームだけに留まらずに，A有料老人ホームからB有料老人ホームへと転居する場合もあります。そのような場合，有料老人ホームの所在地が変わるのですから，上記の例でいうと，入居金返還請求権の中に記載のある老人ホーム名やその所在地などを書き直す必要が出てきます。

Q31

遺言書に祭祀承継者についての記載を入れる場合の留意点はありますか？

A 遺言書の条文に入れると公証役場で別途11,000円が必要になります。

Comment

　祭祀承継者とは，系譜，祭具および墳墓や遺骨などを管理し，祖先の祭祀を主宰する人のことです。これを遺言書に書く場合は，どこに書くかがポイントになります。本文に書けば，公証役場で別途料金がかかります。他方，付言の中で記述するならその分の料金はかかりません。ただ，付言には法的効果は生じません。本文の条文として記載する場合は，以下の例のようになります。

（祭祀の主宰者）
第○条　遺言者は，祖先の祭祀を主宰すべき者として，前記・高橋○○を指定する。

　※　付言の場合は，付言の文章の中に，単に記述するだけです。

　祭祀承継者を遺言書の条文に記載すると，公証役場では別途11,000円かかります。それでも条文として入れたい場合は，本人の意思通り，入れることになります。実際は，付言で伝える場合が多いです。

第5章

相続分野の実務の
コツとツボ

Q32

相続法の改正後の状況について教えてください。

A 改正についてなんとなく知っている相談者も多く，質問されることが多いので，しっかり勉強が必要です。

Comment

■相続法改正

　2018年7月に，相続法制の見直しを内容とする**「民法及び家事事件手続法の一部を改正する法律」**と，法務局において遺言書を保管するサービスを行うこと等を内容とする**「法務局における遺言書の保管等に関する法律」**が成立し，その後，改正法の規定は段階的に施行されてきました。

　ここでは，今回改正された相続法のいくつかの改正点のうち，我々の実務に関係する点について見てみます。実務でどのような影響があったのかについて，公証人や銀行などにリサーチした結果にも触れます。

　なんとなく「相続法が改正されたらしい」と知っている相談者も多いです。何気ない話の中で，この改正のポイントをさりげなく盛り込んでいけると，「この人はよく勉強していて信頼できるな」と思ってもらえます。

■配偶者居住権（配偶者短期居住権を含む）

　配偶者居住権については，2020年4月1日から施行されています。
簡単な例で見てみましょう。

　被相続人（亡き夫）の財産が，自宅2,000万円と銀行預金3,000万円で，相続人は，妻と長男の2人です。相続財産5,000万円は，妻と長男が半分ずつ相続するものとします。

　その場合，旧法では妻が自宅2,000万円全部と預金500万円，長男の受け取り分は預金2,500万円となり，妻は，「住む場所（自宅）はあるけど，生活費が500万円だと，不足しそうで不安になる」といったことが考えられました。

　新法では，この点，自宅2,000万円の配分を2つに分けて，妻への配偶者居住権（1,000万円）と長男への負担付き所有権（1,000万円）と考えるようにしたのです。

　つまり，妻の取り分は，配偶者居住権（1,000万円）と預貯金1,500万円の合計2,500万円となります。長男は自宅の負担付き所有権（1,000万円）と預貯金1,500万円の合計2,500万円となります。

　この制度の状況について，ある公証人にリサーチすると，「まだこの配偶者居住権を遺言書に書く人は今のところいない」とのことです。まだ，これから，という状況かもしれませんが，どのみち将来的には長男が自宅も相続するから，という考えによるのかもしれません。また，固定資産税を誰が負担するのかなどの問題も生じます。改正法においては，居住建物の通常の必要費は配偶者が負担することとされています。固定資産税もその通常の必要費に該当すると考えられます。

■預貯金の払い戻しの制度の創設

　旧法では，遺産分割が終了するまでは，被相続人の預金の支払いができませんでした。

改正法では，相続預貯金の一定割合（金額の上限あり）については，家庭裁判所の判断を経なくても，金融機関で支払いを受けることができるようになりました。

簡単な例で見てみましょう。

被相続人は，A銀行に600万円の預金があり，相続人は，長男と次男の2人だけだったとします。

この場合，結論として長男と次男，どちらも単独で100万円まで払い戻しができます。その計算式は，

預金600万円×1／2（共同相続人の法定相続分）×1／3 ＝ 100万円

となります。

※　ただし，注意したいのは，1つの金融機関から払い戻しが受けられるのは150万円までということです。

ご参考までに，被相続人が複数の銀行に預金口座を持っていた場合，1つの銀行に被相続人の死亡を伝えたからといって，自動的に他の銀行の預金口座も凍結されるわけではありません。つまり銀行ごとに，死亡の事実の連絡をしない限り，いつまで経っても口座は凍結されません。銀行への連絡は，相続人や遺言執行者等がします。

■遺留分制度の見直し

遺留分を侵害された人は，遺贈や贈与を受けた人に対して，遺留分侵害に相当する「金額」の請求をすることができるようになりました。また，遺贈や贈与を受けた人が，金銭を直ちに準備することができない場合には，裁判所に対して，支払期限の猶予を求めることができます。

旧法では，遺留分減殺請求の行使によって，例えば不動産の場合は共有

状態が生じていました。

　簡単な例で見てみましょう。

　被相続人の財産は，1億円相当の自宅の土地建物と預金2,000万円です。相続人は，長男と長女の2名。遺言書では，長男に1億円相当の自宅，長女には預金2,000万円の配分です。

　長女の遺留分侵害額は，

　1億2,000万円×1/2×1/2－2,000万円＝1,000万円

となります。そこで，長女は，長男に対して，この1,000万円の遺留分減殺請求をするわけです。遺留分減殺請求の行使によって，自宅の土地建物は，長男と長女の共有状態になってしまいます。その持分割合は，長男が9,000万円/1億円，つまり10分の9で，長女が1,000万円/1億円，つまり10分の1です。

　このように，遺言書では，自宅を全部長男に相続させると書かれていても，旧法では，長女から遺留分減殺請求が長男にされれば，長男の単独所有ではなく，長男と長女の共有状態となってしまいました。

　このような共有状態を解消し，長男の単独所有とするために，今回法律が改正されました。このことは，遺贈や贈与の目的財産を受遺者に与えたいという「遺言者の意思を尊重」することにもなります。

　結果として，改正後は，遺留分減殺請求によって生じる権利は，「金銭債権」となります。したがって，上記の事例では，長女は長男に対して，1,000万円の金銭請求ができるのです。

■特別の寄与の制度の創設

　2018年の相続法改正により，民法第1050条が新設され，**相続人以外の親族に対しての特別寄与料制度**が制定されました。

この法律は2019年7月1日に施行されています。相続人以外の被相続人の親族（特別寄与者）が，無償で被相続人の療養看護等を行った場合には，相続人に対して金銭の請求ができるようになったというものです。

　簡単な例を見てみましょう。

　被相続人の世話と介護を，最後まで1人で何年間も担ってきた長男の妻のことを想像してください。被相続人には子供が，長男，次男，長女の3人いました。妻はすでに他界しています。同居していた長男夫婦には子供がいません。その長男も数年前に他界していて，実家では被相続人と長男の妻が2人で暮らしていました。したがって，相続人は，次男と長女の2人です。

　旧法では，相続人である次男，長女は，被相続人の介護を全く行っていなかったとしても，相続財産を取得することができます。他方，長男の妻は，どんなに被相続人の介護に尽くしても，相続人ではないため，被相続人の死亡に際して相続財産の分配にあずかれません。これでは，長男の妻は「不公平！」と言わざるをえません。

　新法では，相続開始後，長男の妻は，相続人である次男と長女に対して，寄与に応じた額の金銭の請求をすることができることになりました。これで，長男の妻が行ってきた，被相続人に対する介護等の貢献に報いることができ，実質的な公平が図られることになったのです。

　この特別寄与者の範囲ですが，特別寄与者になれるのは，相続人ではない親族です。民法上の親族とは，6親等内の血族，配偶者，3親等内の姻族をいいます。つまり，あくまでも親族が対象になりますので，いわゆる家政婦さん等が介護や看病をした場合は，特別寄与者には該当しません。また，特別寄与者は，無償で介護などの貢献をしていたことが必要で，もし対価をもらって介護等をしていた場合は請求することができません。

Q33

遺産分割協議書は
　　　　どう書きますか？

 典型的な例をご紹介します。

Comment ....

■遺産分割協議書の書き方

　遺産分割協議書作成の報酬は，案件の難易度にもよりますが，一般的に5万円～10万円程度が相場ではないでしょうか。

　遺産分割協議は必ずしも法定相続に則った金額である必要はなく，相続人間で合意をとり，相続人全員の署名と捺印，印鑑証明書がもらえればOKです。

　簡単な事例を見てみましょう。

事例
・都内に住む4人家族です。父親が亡くなりました。遺言書はありません。
・相続人は，3人です。母親と，長男，次男です。
・すでに子供達は社会人で結婚しており，持ち家もあります。
・父親の相続財産は，自宅の土地建物（5,000万円相当）と預金1,000万円です。

　この場合，遺言書がないので，遺産分割協議が必要になります。全財産が6,000万円ですから，法定相続なら，母が2分の1の3,000万円，長男と

次男が1,500万円ずつになります。相続人全員での話し合いの結果，自宅も含め父親の財産は全部，母親のものにすることにしました。遺産分割協議では，相続人全員が合意すれば，法定通りの配分にする必要はないのです。結果として，相続財産の配分は「自宅と預金はすべて母親のものとする」「母親は，長男に代償相続として，現金100万円を交付する」「母親は，次男に代償相続として，現金100万円を交付する」ことに決まりました。

この遺産分割協議書の書き方は，以下のとおりです。

【遺産分割協議書】

1．相続人〇〇〇〇（母親を指します）が取得する財産
 ⑴　下記の不動産
  ①　東京都杉並区……番10
   宅地　〇〇平方メートル
  ②　東京都杉並区……番地10　家屋番号〇〇
   木造……
   居宅　床面積……
 ⑵　下記の預金
  ①　〇〇銀行〇〇支店の被相続人名義の預金
  なお，相続人〇〇〇〇（母親）は，この代償相続として，相続人〇〇〇〇（長男）及び相続人〇〇〇〇（次男）に対し，それぞれ現金1,000,000円ずつを交付することとする。
2．相続人〇〇〇〇（長男）が取得する財産
 相続人〇〇〇〇（母親）より代償相続として交付される現金1,000,000円
3．相続人〇〇〇〇（次男）が取得する財産
 相続人〇〇〇〇（母親）より代償相続として交付される現金1,000,000円
 以上のとおり，相続人全員による遺産分割協議の協議が成立したので，……

Q34

相続人が海外にいる場合
　　どうすればよいですか？

A 海外在住の相続人の相続は，原則としてサイン証明書と
　在留証明書が必要になります。

Comment

　遺言書がなく，遺産分割協議書を作成する場合，相続人全員の押印（実印）が必要になります。その際，相続人の1人が海外に居住している場合は，どうしたらいいでしょうか。

　原則として，サイン証明書を取ることになりますが，まれに住民票を抜いておらず，日本で住民票と印鑑証明書が取れる場合もあるので注意が必要です。

　この場合は，本人が一時帰国した際などに，住民票と印鑑証明書の取得をお願いすることになります。

　また，日本にいて社会人になっても印鑑登録をしていない方もいますが，そういう方には区役所等で印鑑登録をしてもらい，印鑑証明書の取得をしてもらいます。たいていの場合，即日発行が可能です。

　相続人が海外在住で，日本に住民票はなく，印鑑証明書も取れない場合は，海外在留国の日本大使館や総領事館で，サイン証明書（印鑑証明書に代わるもの）と在留証明書（住民票に代わるもの）を発行してもらうことになります。

　海外在住の相続人が短期の留学生の場合などは，この在留届の提出を失念しがちですので，丁寧にアドバイスをしましょう。

【サイン証明書の見本例】

証　明　書

　以下身分事項等記載欄の者は，本職の面前で以下の署名欄に署名（及び拇印を押印）したことを証明します。

身分事項等記載欄
氏名：○○○○ 生年月日：○年○月○日 日本国旅券番号：……

　　署名：_____

令和○年○月○日

在○○日本国総領事館
総領事　　○○　　○○

（手数料：米貨18ドル）

【在留証明書の見本例】※一部省略・修正しています

在留証明願

在○○日本国総領事　殿

申請者氏名	○○○○	生年月日	○年○月○日
提出理由	遺産相続手続き	提出先	○×金融機関

　私（申請者）が現在，下記の住所に在住していることを証明してください。

現住所：日本語	アメリカ合衆国○○州○○市
現住所：外国語	○○・・・・・・・・・・USA

- -

在留証明

　上記申請者の在留の事実を証明します。
令和○年○月○日

在○○日本国総領事館
総領事　　○○　　○○

（手数料：米貨12ドル）

Q35

海外銀行口座の相続は
　　　　どうなりますか？

A Joint Accountでは相続は発生しません。Single Account
の場合は，現地のプロベート手続きになる可能性があり，
お金も手間もかかりますのでなるべく生前対策をしてお
くようにアドバイスしたほうがいいでしょう。

Comment

■Joint Account とは何？

　海外の銀行に預金口座があることがわかったら，まず口座名義がSingle
Account（単独名義口座）かJoint Account（共同名義口座）かを確認します。

　Joint Account口座は残高が高額なことが多く，保有者は資産家である
ことがうかがえます。

　日本の銀行では，個人の預金口座を作成する場合，個人1名だけの名義
の口座しか作成できませんが，海外の銀行では，例えば夫婦や親子など2
名の共同名義での預金口座を作成することができます。

　これがJoint Account（共同名義口座）と呼ばれるものです。

　夫婦や親子などが生活費を共有したり，同棲カップル同士や愛人と一緒
の口座開設も可能です。それぞれにキャッシュカードが発行され，自由に
預金を引き出せます。

■相続が発生しない

Joint Accountには，以下の特徴（メリット）があります。

---

① 相続の問題が発生しない。すなわち，預金残高は，自動的に他の共同名義人
  （生存名義人）のものになる。
② 口座が凍結（支払い差し止め）されない。すなわち，残された他の共同名義
  人が自由に預金を引き出せる。

このような特徴をもつ銀行預金口座は日本にはないので，相続が発生した場合に，相続人の間で問題や争いが生じることがあります。その典型的な事例となる東京高裁の判決（平成26年）があります。

※　Joint Account の日本での裁判例

（東京高裁平成26年11月20日判決）
ジョイント口座の相続をめぐる問題で，高裁判決あり。米国のハワイ州の銀行で開設されたジョイント口座が，被相続人（亡夫）の相続財産に含まれるかどうかが争われた。
（結論）　相続財産に含まれない。ハワイ州の銀行にあるジョイント口座（名義人は亡夫と妻）は，被相続人（亡夫）の「私法上の相続財産」を構成しない。裁判所は，ハワイの銀行のジョイント口座の残高の取得者は，生存名義人（配偶者，妻）であると判断した。

■Single Account

Single Account（単独名義）で口座を持っている場合は，その海外預金口座を相続人名義に変更または解約するためには，現地の法令等に則った「プロベート」と呼ばれる，海外の現地裁判所による遺産管理手続きが必

要になる場合があります。このプロベートは，お金も手間も時間もかかりますので，できるだけ生前に解約するなど対策をしておくことが望ましいです。

それに対し，Joint Accountであれば自動的に口座残高が生存名義人に移転されるため，相続自体が発生しないのです。

また，Single Accountでも，承継者（Beneficiary）を指定することにより，預金を承継させることができる場合があります。相続が発生した時の承継者を，あらかじめ銀行に届け出ておくと，プロベート手続きを回避できる場合があるのです。

■日本の法律の効果が波及するか？

プロベートになった場合，日本で遺産分割協議書を作成しても，その遺産分割協議書の効力が海外の銀行にどこまで及ぶか不明です。分割協議書通りに名義変更や解約をして送金などをしてくれないかもしれません。

この点についても，事前に現地の各銀行へ問い合わせや確認を行う必要があります。

Q36

二次相続で代償分割金が 支払えないようです。

 銀行融資を検討しましょう。

Comment

　二次相続の場合によくある事例を見てみましょう。

　父親は7年前に死亡しており，今回，母親が亡くなりました。遺言書はありません。相続人は，長男，次男，長女の3人です。相続財産は，自宅とわずかな現預金だけです。相続人3人で話し合い，自宅は母親と同居していた長男の名義にすることにしましたが，自宅の評価額が，土地と建物を合わせて3,000万円であることがわかりました。このような場合に，代償分割金に充てる手持ち資金がないケースがあります。

　つまり，ここでは，3兄弟平等に分ければ，1人当たり1,000万円ずつになりますが，長男が3,000万円の自宅を取得するので，長男から，次男と長女に代償金として1,000万円ずつ渡すことになるのです。

　そのような場合，長男に2,000万円の手持ち資金がなければ，銀行の融資を受けるという方法もあります。銀行の相続パンフレットにも，「相続関連資金のお借り入れ」という項目があり，代償分割資金の融資など，相続にかかわる需要が確実にあるとわかります。

　相続不動産の担保評価はもちろんのこと，長男に返済能力があれば，融資を受けられる可能性が高くなります。

　ただし，融資の可否の判断は各銀行次第です。

Q37

戸籍謄本の見方を
教えてください。

A 私は今までに3,000件以上の戸籍謄本を見てきました。相
続にあたって重要ですので，初心者の方にもわかりやす
いように説明します。

Comment

■「戸籍謄本」とは

まず，「戸籍（こせき）」とは何でしょうか。

日本人の国籍に関する事項と，親族的な身分関係を登録・公証する公文
書です。当たり前のように思いますが，生まれたことや結婚したこと，ま
た亡くなったことまで個人の一生が記録されている大事なものです。

では，「戸籍謄本」とは何でしょうか。

戸籍の原本の内容すべての写しのことを言います。「戸籍全部事項証明
書」や「全部事項証明書」とも呼ばれます。パスポートの申請や，婚姻届
を出すときなどさまざまな場面で必要になる書類です。手続きが面倒なイ
メージがありますが，最近ではマイナンバーカードがあればコンビニで戸
籍謄本の取り寄せができる市町村も増えてきています。

■戸籍謄本の除籍

除籍には２通りの意味があります。

まず，婚姻によって，親の戸籍を出て夫婦で新しい戸籍をつくる際，従前の戸籍から除籍されるという場合にも使いますし，死亡によって戸籍から除かれる場合のことも「除籍」といいます。

　外国の国籍を取得して，「国籍喪失」で除籍と記載される戸籍謄本もあります。

　遺言作成や相続に関して，戸籍謄本で除籍の人がいる場合は，その理由が死亡かどうかで相続人の人数が変わってくるので要注意です。

■戸籍の除籍の注意点

　除籍を見るときに注意すべきなのが，死亡日が改製日の前か，後か。早い話が，戸籍のコンピューター化の前か後かです。この改製日は，実際に各市町村が改製を行った日なので，市町村単位で異なり，早いところと遅いところで10年以上の開きがあるものもあります。

　例①の戸籍謄本は，一郎さんが除籍になった理由が，「死亡」であることが，このページだけでわかります。しかし，次の例②では，さらに，その前の「改製原戸籍」を見ないと，死亡の事実がわかりません。戸籍事項に出ている，改製日の「日付」がキーワードなのです。

【例①　改製日後に死亡した場合の記載】

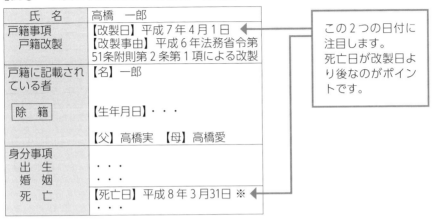

氏　名	高橋　一郎
戸籍事項　戸籍改製	【改製日】平成7年4月1日　◀ 【改製事由】平成6年法務省令第51条附則第2条第1項による改製
戸籍に記載されている者 　除　籍	【名】一郎 【生年月日】・・・ 【父】高橋実　【母】高橋愛
身分事項 　出　生 　婚　姻 　死　亡	・・・ ・・・ 【死亡日】平成8年3月31日　※　◀ ・・・

この2つの日付に注目します。
死亡日が改製日より後なのがポイントです。

※　死亡日（平成8年3月31日）が，改製日（平成7年4月1日）の後なので，「身分事項」の項目の中に，「死亡」の欄が追記され，その右に「死亡日」が記載されています。一郎さんの死亡の事実はここでしか確認できません。この直前の戸籍である原戸籍には，死亡の事実は記載されません。

【例②　改製日前に死亡した場合の記載】

本　籍 氏　名	東京都新宿区・・・・ 高橋　一郎
戸籍事項　戸籍改製	【改製日】平成7年4月1日 【改製事由】平成6年法務省令第51条附則第2条第1項による改製
戸籍に記載されている者 　除　籍	【名】一郎 【生年月日】・・・ 【父】高橋実　【母】高橋愛
身分事項 　出　生 　婚　姻 　※	・・・ ・・・

ここに死亡と死亡日の記載がないことに注意。改製日前に死亡しているからです。

※　①の例と異なり，身分事項欄には「死亡」の欄の記載がなく，その右の欄にも「死亡日」が記載されていません。これだけでは，除籍と書いてあっても，一郎さんが死亡したのかどうかはわかりません。除籍になった理由を戸籍を遡って確認していくことが必要です。

■改製原戸籍

　改製日（平成7年4月1日）以前に死亡した場合は，改製原戸籍もしくはそれ以前の戸籍に死亡の事実が記載されます。なので，例②では，身分事項の欄には死亡の記載はありません。

　除籍の理由が，すぐに死亡とわかればいいですが，その理由が婚姻や分籍等であった場合は，婚姻した後や分籍した後の，その人の戸籍謄本を別途調べて，現在の生死確認を行う必要があります。婚姻後や，分籍後にその人が死亡しているかもしれないからです。

　また，相続人の戸籍謄本を取得する時期は，被相続人の死亡日以降にする必要があります。なぜなら，その相続人が，被相続人の死亡日以前に死亡している場合もあり得るからです。

　それでは，この戸籍謄本の一つ前の戸籍謄本（改製原戸籍）にはどのように記載されていて，何がわかるのでしょうか？

【改製原戸籍】

平成六年法務省令第五一号附則第二条第一項による改製につき平成七年四月壱日削除

本籍	東京都新宿区・・・・	氏名	高橋　一郎
昭和〇年〇月〇日横浜市・・・で出生 〇〇と婚姻届出・・・ 昭和六拾年参拾壱日〇で死亡◀ ・・・・		父	・・・
		母	・・・
		夫	~~一　郎~~
昭和〇年〇月〇日茨城県・・・で出生 昭和〇年〇月〇日高橋一郎と婚姻・・ 昭和六拾年参月参拾壱日夫一郎死亡 ・・・・		父	・・・
		母	・・・
		妻	昭　子

ここで死亡したことがわかります。

　※　当時，縦書きの戸籍を見やすくするため，あえて横書きに修正してあります。

　まず，日付を見て，戸籍の連続性を確認します。99頁の例②での改製日は，「平成7年4月1日」となっていました。その直前の改製原戸籍（100頁）では，「平成七年四月壱日」ですので，この2つの日付により，戸籍の連続性は確認されたことになります。

　一般に，コンピューター化前の改正原戸籍では，日付は漢数字で書かれているものがほとんどです。

　改製原戸籍を見て初めて，一郎さんが死亡した事実がわかります。この死亡の事実により，この後の戸籍謄本では，一郎さんの「戸籍に記載されている者」の欄に除籍と出るのです。この後の戸籍謄本には，死亡の事実は転記されないのです。したがって，戸籍を遡る必要があります。

■夫婦の戸籍謄本例（除籍が2つ）

　さらに，夫婦の戸籍謄本の例を見てみましょう。夫が改製日以前に死亡し，妻が改製日後に死亡した場合，以下のように記載されます。

本　籍 氏　名	東京都新宿区・・・・ 高橋　一郎
戸籍事項 　戸籍改製	【改製日】平成7年4月1日 【改製事由】平成6年法務省令第51条附則第2条第1項による改製
戸籍に記載され ている者 　除　籍	【名】一郎 【生年月日】・・・ 【父】高橋実　【母】高橋愛

戸籍に記載され	【名】昭子
ている者	
除　籍	【生年月日】・・・
	【父】・・・　【母】・・・
身分事項	
出　生	・・・
婚　姻	・・・
死　亡	【死亡日】平成 8 年 3 月31日
	・・・

「除籍」が２つ出てきますが，慌てずに，改製日前の原戸籍を見て，除籍の理由を確認しましょう。

■除籍が３つ出る例

最後に，「除籍」が３つ出てくる例もご紹介しましょう。この戸籍謄本は，３人家族で両親がすでに死亡し，最後に，戸籍に記載されていた長女の泰子さんが分籍をして除籍になったため，分籍日の５日後（横浜市旭区長が送付を受けた日）に戸籍が消除された例です。泰子さんの除籍を中心に見てみましょう。

戸籍謄本では，長女の泰子さんが，分籍により除籍になったことしかわからないので，その生死確認をするためには，泰子さんの分籍日後の戸籍謄本を取得して調べます。

本　　籍 氏　　名	長崎県 長崎市・・・・ 鈴木　達夫
戸籍事項 　戸籍改製 　戸籍消除	【改製日】平成10年 7 月10日 【改製事由】平成 6 年法務省令第 51条附則第 2 条第 1 項による改製 【消除日】平成19年 8 月 7 日
戸籍に記載され ている者 　除　籍	【名】達夫 【生年月日】・・・ 【父】鈴木一夫　【母】鈴木徳子
戸籍に記載され ている者 　除　籍	【名】政子 【生年月日】・・・ 【父】・・・　【母】・・・
身分事項 　出　生 　死　亡	・・・ 【死亡日】平成13年 3 月31日 ・・・
戸籍に記載され ている者 　除　籍	【名】泰子 【生年月日】・・・ 【父】鈴木達夫　【母】鈴木政子 【続柄】長女
身分事項 　出　生 　分　籍	・・・ 【分籍日】平成19年 8 月 1 日 【送付を受けた日】平成19年 8 月 7 日 【新本籍】神奈川県横浜市旭区・・・

Q38

戸籍謄本の転籍等の見方を
教えてください。

A 転籍を見るポイントは 3 つです。

Comment

転籍を見るポイントは，以下の3つです。

① 日付（転籍日）の連続性を確認します。
② 転籍後の戸籍謄本には，転籍の欄に【従前本籍】が出ますので，従前の本籍地を確認します。
③ 転籍前の戸籍謄本には，転籍の欄に【新本籍】が出ますので，転籍後の本籍地を確認します。

【転籍前】

本 籍	東京都 江戸川区・・・・
氏 名	石井 一郎
戸籍事項 戸籍改製 転 籍	【改製日】平成14年 7 月 6 日 【改製事由】平成 6 年法務省令第 附則第 2 条第 1 項による改製 【転籍日】平成30年 4 月 2 日 【新本籍】埼玉県 上尾市・・・・ 【送付を受けた日】平成30年 4 月11日 【受理者】埼玉県上尾市長
戸籍に記載さ れている者	【名】一郎 【生年月日】 ・・・・ ・・・・

（同じ日付）
（新本籍）

【転籍後】

本 籍	埼玉県 上尾市・・・・
氏 名	石井 一郎
戸籍事項 転 籍	【転籍日】昭和30年 4 月 2 日 【従前本籍】東京都 江戸川区 ・・・・
戸籍に記載さ れている者	【名】一郎 【生年月日】 ・・・・

（同じ日付）
（従前本籍）

Q39

転籍の戸籍を見る場合の留意点を教えてください。

A 離婚や認知に関しては戸籍がスクリーニングされている場合があります。

Comment

愛人の子を認知した後の転籍例

妻と長女との３人家族で暮らしている夫が，愛人との間に出生した子供を認知した日に（長野県に）転籍をし，その２週間後に，また元の本籍地に転籍している例を紹介します。戸籍謄本には，愛人の氏名と認知した子供の名前が記載されます。

本籍　長野県・・・・	氏名	岩崎　正男
昭和五拾弐年六月拾七日東京都北区・・から転籍 昭和五拾弐年七月壱日東京都北区・・に転籍		
昭和○年○月○日横浜市・・・で出生 ○○と婚姻届出・・・ 昭和五拾弐年六月拾七日・・番地**中村洋子**同籍**恵**を認知届出・・・	父	・・・
	母	・・・
	夫	正　男
昭和○年○月○日神奈川県・・・で出生 昭和○年○月○日岩崎正男と婚姻・・	父	・・・
	母	・・・
	妻	悦　子
昭和○年○月○日東京都杉並区・・・で出生	父	岩崎正男
	母	悦子
		愛

愛人の氏名

愛人との間の子供の名前

※　実際の戸籍謄本は縦書きですが，見やすくするため，便宜上横書きに修正の上，簡略化して記載しています。また，コンピューター化前の戸籍謄本ですので，日付は漢数字で書かれています。

■胎児認知の戸籍

　認知は，子供が生まれてからするのが普通ですが，生まれる前の胎児の段階で認知をするケースもあります。その場合の戸籍謄本です。胎児の段階で，その胎児に名前を付けて戸籍謄本に載せているのです。

　下記は，3人家族で，妻，成人して既に結婚している長女のいる夫が，愛人に自分の子供を身ごもらせたものです。

　夫の戸籍謄本には，妻と長女の欄があるのはもちろんのこと，夫の欄には，愛人の氏名と胎児の名前まで記載されています。

　胎児認知の記載が出ている父親の改正原戸籍を見てみましょう（簡略化しています）。

【父親の改製原戸籍】

平成六年法務省令第五一号附則第二条第一項による改製につき平成拾壱年壱月壱日削除

本籍	東京都品川区・・・・	氏名	岩崎正男
昭和〇年〇月〇日横浜市・・・で出生		父	・・・
〇〇と婚姻届出・・・		母	・・・
平成拾四年五月参拾壱日・・番〇〇美樹同籍龍を胎児認知届出・・・		夫	正　男
昭和〇年〇月〇日埼玉県・・・で出生		父	・・・
昭和〇年〇月〇日岩崎正男と婚姻・・		母	・・・
		妻	悦　子
昭和〇年〇月〇日東京都杉並区・・・で出生		父	岩崎正男
昭和拾参年壱月弐日山村太郎と婚姻・・		母	悦子
夫の氏の新戸籍編製につき除籍		✕	愛

（愛人の氏名　→　〇〇美樹）
（胎児の名前　→　龍）

　※　コンピューター化前の改製原戸籍ですので，日付は漢数字で書かれています（横書きに修正）。

【愛人の戸籍謄本】

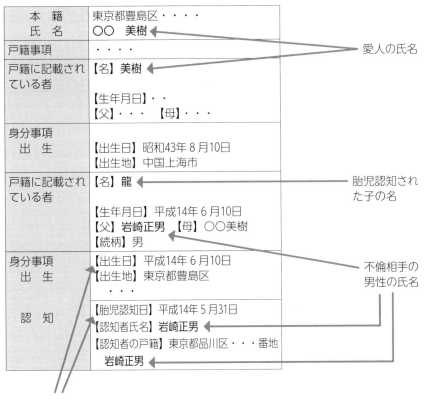

本　籍	東京都豊島区・・・・
氏　名	○○　美樹 ←
戸籍事項	・・・・
戸籍に記載されている者	【名】美樹 ←
	【生年月日】・・ 【父】・・・　【母】・・・
身分事項 　出　生	【出生日】昭和43年 8 月10日 【出生地】中国上海市
戸籍に記載されている者	【名】龍 ←
	【生年月日】平成14年 6 月10日 【父】岩崎正男　【母】○○美樹 【続柄】男
身分事項 　出　生	【出生日】平成14年 6 月10日 【出生地】東京都豊島区 　　　　・・・
認　知	【胎児認知日】平成14年 5 月31日 【認知者氏名】岩崎正男 ← 【認知者の戸籍】東京都品川区・・・番地 　　岩崎正男 ←

愛人の氏名

胎児認知された子の名

不倫相手の男性の氏名

10日しか経っていない

Q40

国際結婚等が絡む戸籍謄本の 見方を教えてください。

 海外との関係が絡むと戸籍をたどるのが難しくなります。

Comment ··

　日本人男性とフランス人女性のカップルが結婚し，子供が日本で出生した場合の戸籍謄本を見てみましょう。妻は，日本国籍を取得していないため，日本には自分の戸籍謄本がありません。

氏　名	水野　謙二
戸籍に記載されている者　身分事項　　出　生　　婚　姻	【名】謙二[※1]　　　　・・・・【配偶者氏名】バーベ，ジョエルソフィ【配偶者の国籍】フランス国　　　　・・・・
戸籍に記載されている者　　　　　　身分事項　　出　生	【名】ルイ【父】水野謙二【母】バーベ，ジョエルソフィ【続柄】長男【出生地】東京都渋谷区

　※1　通常は夫の戸籍謄本には，以下のように，【名】の右横に，【配偶者区分】妻，と記載されるのですが，外国人の妻なので，【配偶者区分】はなく，上のように記載されます。

戸籍に記載されている者	【名】○○　【配偶者区分】妻

　　　つまり，この妻については，上図のとおり，夫の戸籍の「婚姻」の項目の【配偶者氏名】と【配偶者の国籍】等の欄に記載されます。
　※2　妻が住民登録をしていれば，住民票の取得ができます（外国人でも住民登録可）。印鑑登録をしていれば，印鑑証明書の取得も可能です。

　では，子供のルイが海外で出生したら，どうなるのでしょうか。現地の大使館に届け出て日本の戸籍に入れば，子供ルイの存在がわかります。現地の大使館等に届け出なければ，子供は日本の戸籍に入らないので，日本の戸籍謄本からは子供ルイの存在はわかりません。

■帰化

　フランス人の妻が，「帰化した」場合は，戸籍謄本はどうなるでしょうか（帰化名は「恵理」とします）。ここで，夫の身分事項の箇所に，「配偶者の帰化」の小項目が追加され，妻の「恵理」さんについては，「戸籍に記載されている者」の項目が追加され，そこに「帰化」の小項目があります。

氏　名	水野　謙二
戸籍に記載されている者 　身分事項 　　出　生 　　婚　姻 　　配偶者の帰化	【名】謙二 ・・・・ ・・・・ 【配偶者の帰化日】令和〇年〇月〇日 【配偶者氏名】水野恵理
戸籍に記載されている者 　身分事項 　　・・・・ 　　帰　化	【名】恵理 【生年月日】・・・　【配偶者区分】妻 ・・・・ 【帰化日】令和〇年〇月〇日 【帰化の際の国籍】フランス 【従前の氏名】バーベ，ジョエルソフィ

■国際結婚をして，子供が海外で出生した場合

　日本人女性が，アメリカ人男性と結婚して，子供がアメリカで生まれた場合の女性の戸籍を見てみましょう。

　日本人同士で結婚した場合，まず父親の戸籍から除籍し，夫が日本人ならその戸籍に入ります。夫が外国人だと戸籍がありません。それゆえ，妻の戸籍を編製し，子供を入籍させたものを見てみましょう。

【父親の戸籍から除籍】

氏　名	川崎　太郎　（←日本人女性の父親です）
戸籍に記載されている者	【名】愛
除　籍 身分事項 　出　生 　婚　姻	・・・・ ・・・・ 【配偶者氏名】タナベ，ジミー 【配偶者の国籍】アメリカ合衆国 【婚姻の方式】アメリカ合衆国ハワイ州の方式 【証書提出日】令和○年○月○日 【送付を受けた日】令和○年○月○日 【受理者】在ホノルル総領事

【日本人女性の戸籍謄本の記入見本例（父親の戸籍から除籍された後）】

氏　名	川崎　愛
戸籍事項 　戸籍編製	【編製日】令和○年○月○日
戸籍に記載され ている者 　身分事項 　　出　生 　　婚　姻	【名】愛 ・・・・ 【婚姻日】・・・・ 【配偶者氏名】タナベ，ジミー ・・・・
戸籍に記載され ている者 　身分事項 　　出　生	【名】キャメロン賢一 【父】タナベ，ジミー 【母】川崎愛 【続柄】長男 【出生地】アメリカ合衆国ハワイ州ホノルル市 【国籍留保の届出日】令和○年○月○日※ 【受理者】在ホノルル総領事

※　国籍留保の意味：現地の日本大使館や総領事館へ日本の出生届を提出しますが，日本国籍を留保したい場合は，「日本国籍を留保します」のスタンプを押してもらうか，その文言がすでに印刷されている届出用紙を使用します。この「留保」とは，（国籍を）捨てないでくださいという意味です。

■日本人女性が日本国籍を離脱した場合の戸籍謄本

氏　名	大山　太郎
戸籍に記載され ている者 　除　籍 　身分事項 　　出　生 　　国籍喪失	【名】美津子 ・・・・ ・・・・ 【国籍喪失日】令和○年○月○日 【喪失事由】カナダの国籍取得 ・・・・

■海外で出生した日本人夫婦の子供の例

　一般企業に勤務している夫が，海外転勤になり，夫婦ともども海外で生活をし，現地で子供が出生した場合，まずは現地の役所に出生届を提出します。同時に，日本大使館（総領事館等を含む，以下「日本大使館」）にも出生届を提出します。これにより，日本の戸籍謄本には子供が記載されます。

氏　名 戸籍事項	川崎　太郎 ・・・・
戸籍に記載され ている者	【名】太郎　　【配偶者区分】夫
戸籍に記載され ている者	【名】文子　　【配偶者区分】妻
戸籍に記載され ている者 身分事項 出　生	【名】英理※ 【父】川崎太郎 【母】川崎文子 【続柄】長女 【出生地】連合王国ロンドン市 【届出人】父 【受理者】在ロンドン総領事 ・・・・

　※　ミドルネームをつけ，日本の戸籍に入れたい場合は，大使館あての出生届にも記載します。実際，現地の出生届にはミドルネームを入れても，大使館への出生届にはミドルネームを入れない人もいます。何気ないミドルネームの話ですが，ミドルネームを海外では登録しているものの，日本の戸籍にはそのミドルネームを入れていない場合，日本での書類手続きの際にこのミドルネームを入れて記入すると，氏名の個人情報が違うということで，本人確認が出来ない場合があるので注意が必要です。

Q41

離婚，養子縁組・離縁の戸籍 謄本の見方を教えてください。

A 仕事をする上で気をつける必要があるのは，養子離縁です。

Comment ·····································

■家庭裁判所の調停離婚で，母親が子供を引き取ったケース

　離婚に伴い，母親と子供の 2 人の戸籍が，父親の戸籍から除籍されています。2 人とも母親の戸籍に入籍しています。

氏　名	内田　浩之	
戸籍事項	・・・・	
戸籍に記載されている者 身分事項	【名】浩之	← 父親です
婚　姻	【婚姻日】平成元年 3 月31日 【配偶者氏名】吉田小百合	
離　婚	【離婚の調停成立日】平成18年 5 月15日 【配偶者氏名】内田小百合	
戸籍に記載されている者	【名】小百合	← 母親です
除　籍	・・・・・	

身分事項	
婚　姻	【婚姻日】平成元年 3 月31日 【配偶者氏名】内田浩之
離　婚	【離婚の調停成立日】平成18年 5 月15日 【配偶者氏名】内田浩之
氏の変更	【氏変更の事由】戸籍法77条の 2 の届出　＊（注）
戸籍に記載され ている者 除　籍	【名】純　◀──────────────── 子供です ・・・・・
身分事項 出　生 親　権 入　籍	【出生日】平成 5 年 4 月 1 日 【親権者を定められた日】平成18 年 5 月15日 【親権者】母　◀──── 離婚調停では親権 　　　　　　　　　　　者を決める必要が 　　　　　　　　　　　あります 【除籍事由】母の氏を称する入籍 【届出人】親権者母 【入籍戸籍】東京都大田区・・・ 内田小百合

※　戸籍法第77条の 2 の届は，離婚の際に称していた氏を称する届のことです。婚姻した時に氏が変わった人が，離婚後も（婚姻前の氏ではなく）婚姻中の氏を称したい場合の手続きです。離婚の日から 3 カ月以内に区役所等に提出します。

■長男の嫁と養子縁組した例

　相続時の財産配分のための養子縁組があった場合，長男の戸籍にどのように記載されるでしょうか。

氏　名	鈴木　誠
戸籍事項	・・・・
戸籍に記載され ている者	【名】誠 【生年月日】昭和31年 2 月12日 【配偶者区分】夫

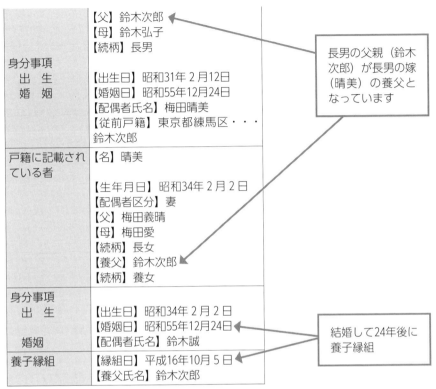

※　実務上は，縁組後，離縁していないかをなるべく直近の謄本で確認しておくことが大切です。

■連れ子がいる女性と結婚した男性の戸籍謄本

　婚姻日と同じ日に，妻の連れ子と養子縁組をしています。また，その後27年後に養子離縁しています。夫婦は離婚していません。

　養子離縁している事実を見落とさないことです。この戸籍謄本のように，コンピューター化後の戸籍謄本であれば，「除籍」と出るのでわかりやすいですが，コンピューター化前の，手書きかつ縦書きの戸籍謄本では見落としやすいので注意したいところです。

氏　名	村山　勉
戸籍に記載されている者	【名】勉
身分事項　婚　姻	・・・・・　【配偶者区分】夫 【婚姻日】昭和59年 3 月30日 【配偶者氏名】小西京子
養子縁組	【離縁日】平成23年12月 8 日 【養子氏名】村山洋平
戸籍に記載されている者	【名】京子
身分事項　婚　姻	・・・・・　【配偶者区分】妻 【婚姻日】昭和59年 3 月30日 【配偶者氏名】村山勉 【従前戸籍】神奈川県横浜市・・・ 小西京子
戸籍に記載されている者　除　籍	【名】洋平 【生年月日】昭和52年10月 1 日 【父】大山宏 【母】小西京子 【続柄】長男 【養父】村山勉 【続柄】養子
身分事項　出　生　養子縁組	【出生日】昭和52年10月 1 日 【縁組日】昭和59年 3 月30日 【養父氏名】村山勉 【従前戸籍】神奈川県横浜市・・・ 小西京子
養子離縁	【離縁日】平成23年12月 8 日 【養父氏名】村山勉
氏の変更	【氏変更日】平成23年12月 8 日 【氏変更の事由】戸籍法第73条の2 の届出 【新本籍】埼玉県浦和市・・・

戸籍法第73条の 2 は，養子離縁の際に称していた氏を称する届のことです。離縁後も縁組中の氏を引き続き使用したい場合は，区役所にこの届を提出する必要があります。ただし，この届の提出は 7 年以上養子であった人に限られます。

116

Q42

不動産関係書類の見方を 教えてください。

A　行政書士も，遺言書や遺産分割協議書において不動産関係書類を目にします。最低限知っておいたほうがよい見方について説明します。

Comment

■持分のある前面道路

　持分のある前面道路の一部の記載もれが発生し，相続登記が行われずに亡くなった方の名義のまま放置されている土地が散見されます。私道の土地の持分が共有になっている場合もありますので，登記簿謄本，公図，名寄帳等で十分確認することが必要です。

　まずは住宅と公図地図を見てみましょう。自宅の土地の所有者浅井さんの場合です（便宜上，路線価も合成して入れてあります）。

【住宅地図（路線価を合成して作成）】　　**【公図】**

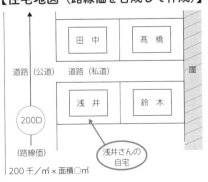
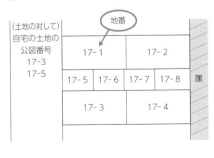

住宅地図の浅井さんの自宅は，公図では17-3　とわかります。前面の私道17-5から17-8　まで謄本を取ってみると，17-5の土地の所有者が浅井さんであることがわかりました。2つの土地の登記簿謄本を見てみると以下の①②のようになります。

　①の謄本は自宅の土地で，②の謄本は私道の一部です。私道は，道路ですが，謄本上は「宅地」のままです。地目の変更をしていないためですが，これはよくあるケースで，道路の状況によっては市町村に寄付していることもあります。

【①自宅の土地の不動産登記簿謄本】

表　題　部　（土地の表示）			
所　　在	杉並区犬蔵一丁目		
①　地番	②　地目	③　地積　㎡	登記の日付
壱七番参	宅地	169.50	平成○年○月○日

権　利　部　（甲区）　（所有権に関する事項）			
順位番号	登記の目的	受付年月日・受付番号	権利者その他の事項
1	所有権移転	平成○年○月○日 第○○○○号	原因　平成○年○月○日売買 所有者　東京都杉並区犬蔵一丁目17番3号 浅井一郎

【②前面道路の土地の不動産登記簿謄本】

表　題　部　（土地の表示）			
所　　在	杉並区犬蔵一丁目		
①　地番	②　地目	③　地積　㎡	登記の日付
壱七番五	宅地	16.50	平成○年○月○日

権　利　部　（甲区）　（所有権に関する事項）			
順位番号	登記の目的	受付年月日・受付番号	権利者その他の事項

| 1 | 所有権移転 | 平成○年○月○日
第○○○○号 | 原因　平成○年○月○日売買
所有者　東京都杉並区犬蔵一丁目17番3号
浅井一郎 |

※　下線のあるものは抹消事項であることを示します。

　不動産登記簿謄本で，上記2つの土地の所有者が，浅井さんであることが明らかになりました。遺言書を書く時は，前面道路の私道の一部の土地（17-5）を含めた2つの土地を記入する必要があります。遺産分割協議書でも，この2つの土地を記入するとともに，2つの土地に対して相続登記を行う必要があります。

【固定資産（土地）評価証明書】

固定資産（土地）評価証明書

土地	所在等	杉並区犬蔵 1丁目17番3 登記地目：宅地 現況地目：宅地	地積	登記地積 169.50㎡	令和2年度		
					価格	（区分）	課税標準額
					¥45,000,000	固定資産税	¥7,500,000
						都市計画税	¥15,000,000
	摘要						
	所有者	杉並区高井戸1-17-3 浅井　一郎					
土地	所在等	杉並区犬蔵 1丁目17番5 登記地目：宅地 ←謄本上 現況地目：公衆 用道路	地積	登記地積 16.50㎡ 現況地積 16.50㎡	令和2年度		
					価格	＊＊	＊＊
					非課税	＊＊	＊＊
	摘要	非課税条文：法348条2項5号					
	所有者	杉並区犬蔵1-17-3 浅井　一郎					
家屋	所在等	省　略					
	摘要						
	所有者	省　略					

令和2年5月12日
東京都杉並都税事務所長

※　この評価証明書では，「土地」が2つ出ています。上に出ている土地が建物の敷
地です。下が前面道路の私道の一部の土地（17番5）です。17-5の土地の所有者
が浅井さんであることと，この土地が「登記地目」は宅地になっていますが，「現
況地目」は「公衆用道路」で「非課税」になっていることがわかります。

【名寄帳】

平成30年度　土地・家屋名　寄　帳

所有者	住所	東京都杉並区犬蔵1-17-3		氏名	浅井一郎
課税標準額	省略				
土地筆数	2筆	家屋個数		1個	
土地の所在	登記地目	登記面積 ㎡		以下，省略	
	現況地目	現況面積 ㎡			
	非課税地目	非課税地積 ㎡			
高井戸 1丁目17-3	宅地	169.50			
高井戸 1丁目17-5	宅地	16.50			
	公衆用道路	16.50			
	公衆用道路	16.50			
家屋の所在	省略				

※　名寄帳でも，「土地筆数」の項目を見れば，「2筆」とあるので，17-3と17-5
の2筆があるとわかります。また，この17-5は現況地目と非課税地目がそれぞ
れ「公衆用道路」と記載されています。

第6章

あらゆるニーズに
対応する準備

Q43

有料老人ホームの入居契約書等のチェックをお願いされました。

A 有料老人ホームの入居料（一時金など）は高額なところも多く，そのために自宅を手放す方も7割程度いらっしゃるそうです。行政書士として，サポートする場面が沢山あります。

Comment

■有料老人ホーム見学に付き合う

　ある日，「包括」の方から電話がありました。包括の方と親しくなると，こういった話が時々あるのです。

施設長「鈴木さん，ご近所に，老人ホームを探している方がいます。サ高住も含めて，3〜4社をピックアップしてあり，ご本人と一緒に車で見学する予定なのですが，うちの職員（社会福祉士）とNPO法人の方とチームを組んで一緒に見学に行ってもらえませんか？　80代後半の女性で，一人暮らしです。ご主人はすでに他界し，お子さんはいません，妹がいますが，千葉に住んでいて，夫の認知症の介護で身動きが取れない様子です。」

　その後，グループホームやサ高住（サービス付き高齢者向け住宅）を含めて複数の有料老人ホームを見学しましたが，ご本人はなかなか決めきれない様子でした。

　その2週間後，そのご婦人から私に直接電話がかかってきて，横浜の有

料老人ホームに決めてきたので，念のために入居契約書の内容を見て，リーガルチェックをして欲しいとのことでした。

　この後，報酬をいただく了解を得た上で，入居契約書のリーガルチェックと入居契約に立ち会いました。

■信頼関係で仕事につながった

　正直なところ，有料老人ホームの入居契約書のリーガルチェックと入居契約の立ち会いではそれほど高額な報酬は要求できません。この時は，有料老人ホームを複数回りましたので，費用対効果があまりよくないと言われればそうかもしれません。

　ここで信頼関係を築き，その後遺言書作成の依頼を受けました。また，遺言執行者の指名をいただくこともできました。

■意外に多い老人ホーム関連の相談

　「有料老人ホームを近くで探したいが，どう調べていいかよくわからない」というケースは意外に多いです。たしかに，高齢者自身はインターネット検索などができない方も多いですし，インターネットの情報だけでは施設の善し悪しはよくわからないのが実情かもしれません。遺言の相談者からも，そのような悩みをよく聞きます。

　そのようなとき，私は老人ホームを紹介する会社を運営している社長の方を紹介しています。また，合わせて包括のセンター長にもリサーチします。包括で培った人脈の活用です。

　このような紹介は，お金にはなりませんが，本人やその親族の信頼を得

ることができ，その後の仕事につながっています。これが受任のタネになるのです。

■入居保証人になって欲しいとの依頼

有料老人ホームの入居にあたっては，入居保証人が必要になる場合があります。

契約書にその定義や役割が書かれていますので，その内容を確認する必要があります。詳しく書かれている契約書もあれば，簡単にしか書かれていない契約書もあります。

一般的には，親族の方が入居保証人になるケースが多いのですが，中には，高齢等の理由で入居保証人になることができず，なかなか入居保証人が決まらない場合もあります。

そのようなときに，行政書士個人としてでも良いのですが，法人として入居保証人になることを依頼されることもあります。

ただし，「第○条　保証人は，個人とします。」という規定があるホームもありますのでそこは注意が必要です。

また，単に，「入居者については，入居保証人（身元引受人）を定めるものとします。」としか書かれていないこともあります。このように，入居保証人について個人・法人の別がない場合は，ホーム側に確認をする必要があります。

条件をクリアすれば，報酬を得て入居保証人を引き受けるという仕事もあります。

■約 7 割が自宅を手放す

　保証人や身元引受人を引き受ける際には，相手の懐具合も知っておかないといけません。

　実は，有料老人ホーム入居にあたって，自宅などの不動産を売却するケースが多いのです。特に二次相続で，不動産売却の話はよく出てきます。夫が他界して一人暮らしだった妻が倒れて有料老人ホームに入りたいと考えたとき，不動産を売却して入居費に充てようというものです。

　入居金2,000万円～3,000万円程度の老人ホームの場合，入居者の約 7 割が自宅などの不動産を売却して入居資金に充てているそうです。このようなケースのために行政書士が不動産業者とのつながりを持つことで不動産売却紹介もできますし，不動産売買にあたっての相談料として報酬を得ることもできます。

Q44

成年後見人になって欲しいと
言われました。

A　成年後見制度には「法定後見制度」と「任意後見制度」
があります。どちらも行政書士がサポート役として活躍
しています。ここでは，以下，任意後見を中心に説明い
たします。

Comment ....

■成年後見

　「成年後見制度」とは，成人しているものの，知的能力や精神的判断能
力が不十分であり，自力で法律行為等を行うことができない人のために，
第三者が法律行為等を代理して行うといった法制度のことです。

　行政書士が行う成年後見業務の具体例としては主に以下のようなものが
挙げられます。

```
・成年後見制度を利用するにあたっての必要書類の収集
・任意後見契約書の起案
・成年後見人への就任
```

　行政書士は，成年後見に関する相談に乗ることはもちろん，成年後見人
になることも可能です。就任した場合の具体的な仕事は以下のとおりです。

> 収入と支出の管理／不動産や預貯金等の財産管理／金融機関との取引き
> 相続に関する手続き／保険契約の締結，変更，解除および保険金の受領
> 通帳，印鑑，各種カード等の保管／住居に関する契約の締結および費用の支払い
> ／医療契約の締結および費用の支払い／介護契約その他福祉サービスの契約締結
> および費用の支払い／施設の契約の締結および費用の支払い

■任意後見契約

　任意後見契約は，本人が元気で判断能力があるうちに自分が信頼できる人を見つけて，自分の判断能力が衰えてきた場合に，その人が自分に代わって財産を管理したり，必要な契約締結などをしたりすることを依頼する契約です。

　任意後見契約は利用の形態により，3つの類型に分類されます。

将来型	・現在は判断能力がある方が，将来の判断能力の低下に備えて，あらかじめ任意後見契約を締結 ・判断能力が低下する前の財産管理等委任契約を締結しないもの
移行型	・判断能力の低下に備えて，任意後見契約と同時に財産管理等委任契約を締結するもの ・判断能力の低下後は，家庭裁判所で選任された任意後見監督人の監督のもとで任意後見人として財産管理を行ってもらうもの
即効型	・すでに判断能力が低下傾向にあるものの，契約を締結する能力が残っている場合 ・任意後見契約を締結した後，すぐに家庭裁判所へ任意後見監督人の選任の申立てをする

■報酬額の目安

　任意後見契約関係の報酬額の目安を挙げると以下のようになります。もちろん，あくまでも目安ですが，こちらと遺言書作成や死後事務委任契約書作成などをセットにできるとよいでしょう。

```
・任意後見契約書作成　　　5万円～10万円程度
・財産管理委任契約書作成　5万円～10万円程度
・見守り契約　　　　　　　3万円～5万円程度
・死後事務委任契約書作成　10万円程度
```

　また，任意後見人業務の報酬は月額で以下のような金額が目安となります。月ごとに報酬が得られるので，スポットの仕事が多い行政書士にとってはありがたい依頼とも言えます。

　ただ，統計的には，任意後見契約を結んでも，任意後見契約が発効するのは契約全体の10％前後にとどまっています。

　また，任意後見では，任意後見人と任意後見受任者を混同してはいけません。つまり，任意後見受任者とは，任意後見監督人が選任される前の段階の任意後見契約の受任者のことをいい，任意後見人とは，任意後見監督人が選任された後の任意後見契約の受任者のことをいいます（任意後見契約に関する法律第2条第3号・第4号）。

```
・任意後見人業務　　　月額3万円～5万円
・財産管理事務　　　　月額2万円～3万円
・見守り事務　　　　　月額1万円程度（訪問1回・電話1回）
```

Q45

海外銀行口座の解約を
　　　　お願いされました。

A 書類の郵送だけだと，対応まで時間がかかることがあります。電話を併用するのがベターです。

Comment

■資産家に多い海外資産

　ある高齢のご夫婦から，「海外に銀行預金があるが，身体が弱くなって海外に行けない。どうしたらいいでしょうか？」と相談を受けました。

　もちろん，口座解約ですから，必ずしも現地の銀行に行く必要はないのですが，現地に行かなければならないと誤解されている方がいるのです。実際は，郵送で書類をやりとりするだけで解約できます。

　海外銀行の支店が日本にあっても，解約の書類を取り次いでくれることはほとんどありません。直接，現地の支店とやりとりする必要があります。

　解約の仕方は，たいていの場合各銀行のホームページに書いてあります。例えば，アメリカのある銀行のホームページに，その銀行の口座解約方法が出ています。

　英語で検索すると，海外の各銀行では，顧客からの代表的な質問事項（FAQ）をQ&Aの形でいくつか載せています。

How do I close my account?
（私の預金口座をどうやって解約したらいいの？）
1. To close your account, please visit your local Bank of ○○branch. You may also mail a signed letter with your name, account number, and request to close your account to the following address:
Bank of ○○
......
（口座解約には，○○支店に行くか，署名，口座番号，解約依頼が書かれた手紙を以下に郵送してください。）

問い合わせ先が記載されている銀行もあります。

CALL US　Customer Service　xxx-xxx-xxx（電話番号が表示）
WRITE US　xxx Bank　PO Box xxxx, xxxxx, xxxx

　中には，Japan Desk の電話番号が出ている場合もありますので，その電話番号に電話をかけたり，手紙を出して問い合わせてみるのもいいでしょう。
　ただ，電話の場合はほとんどが国際電話になるので，顧客の自宅からかける場合は，事前に顧客に了解を取る必要があります。

　時として，手紙やメールだけでは返事が来なかったり，返事が来ても要領を得ていなかったり，手間と時間だけがかかる場合があるので，電話で再度フォローすることがベターだと思われます。ちなみに，私は，顧客からの依頼を受け，顧客の自宅から，電話をスピーカー状態にオープンにして国際電話をしました。

【電話のかけ方の一例（ご参考まで）】

Hello, this is Bank of ABC Head Office. May I help you ?
（ABC銀行です。御用件をお聞きします。）

Hello, this is Suzuki speaking on behalf of Mr. and Mrs. Asai.
（鈴木です。浅井夫妻の代理人です。）

【日本人スタッフが常駐していたりジャパンデスクがある場合】

Hello, this is Suzuki speaking. I am calling from Tokyo, Japan. I cannot speak English well. Could I speak to Japanese speaking staff please ?
（鈴木です。東京から電話しています。英語がよくわからないので，日本語が話せる人に替わってもらえますか？）

Hello, this is Suzuki speaking. Could I speak to Japan Desk please ?
（鈴木です。ジャパンデスクをお願いします。）

This is Jeff speaking of ABC Bank.
（ABC銀行のジェフです。）

Hello Jeff. I am calling from Tokyo Japan. I am a friend of Mr. and Mrs. Asai and I am calling you on behalf of them. Both Mr. and Mrs. Asai are sitting beside me now.
（私は，東京から友人の浅井夫妻の代理で電話しています。二人は私の隣にいます。）

Mr. and Mrs. Asai requested me to ask you how to close their Joint Account. So could you tell me how to close their Joint Account procedure please ?
（浅井夫妻は私に，彼らのジョイントアカウントを解約したいと依頼されています。解約の手続きを教えてください。）

Alright, please sent us the following documents by mail. 1, 2, 3, 4 ……
（承知しました。では，１，２，３，４……の書類を郵送してください。）

ちなみに，口座解約した海外の銀行から，引き続きパンフレット類が郵送されて来るケースがあり，これが煩わしいので止めて欲しいと依頼を受けたこともあります。

We are still receiving documents and brochure from your bank. As we have already closed our Joint Account two month ago, so we don't want to receive letter or brochure from your bank any more. Kindly stop sending documents and brochure to us.
（2カ月前にジョイントアカウントを解約しましたが，まだ銀行から書類が届きます。もういらないので止めてください。）
Oh, I don't understand. It's maybe system matter.
（システムの関係ですね。）
Ok then, please contact your System Department and ask them to stop sending letters to us by system. I appreciate your cooperation.
（システムの部署に，手紙を止めるようにお願いします。）

その後，解約した銀行から一切手紙は来なくなり感謝されました。

そのご夫婦にとっては，英文の手紙を受け取ること自体が精神的に重荷だったのです。

人間，年をとると手紙などのやりとりがわずらわしくなるものです。その気持ちをくみとって不安を解消するよう対応して，相手の信頼を獲得しましょう。

Q46

リバースモーゲージについて
聞かれました。

A リバースモーゲージ（Reverse Mortgage）とは，自宅を
担保に取ってお金を借りる融資です。行政書士としては
あまり活躍場面がありませんが，相談されることも増え
てきました。

Comment

リバースモーゲージは，基本的に自宅を担保に取ります。つまり，ご自
身は自宅に住みながら，自宅を担保に入れて（根抵当権を設定します），生
活資金の融資を受けます。この融資を受け取る方法は，年金のように毎月
一定金額を受け取り（年金は2カ月分を2カ月に1回ですが），死亡時等に
自宅を売却処分して借入金を一括返済する融資です。

行政書士として関与する場面はあまりありませんが，一般的になってき
たせいか，私も，相談を受けたことがありますので一応説明しておきまし
ょう。いくつかポイントがあります。

- この融資は，一般の融資と違い，一度に全部貸すのではなく，年金のように生活に必要な資金を毎月融資するしくみです。したがって，抵当権ではなく，根抵当権を設定して何回でも借りられるのです。
- 返済原資は，担保にとった土地であることが多いです。借入人が死亡した時に担保に取っている土地を売却して一括返済させるのです。建物は，原則として担保に取りませんし，マンションは担保にさえ取らない金融機関もあります。
- 基本的に，第三者の同居人がいる場合は担保に取れない場合が多く，融資対象者も，55歳以上など，年齢などの制限があるのが一般的です。

Q47

家系図の作成を依頼されました。

A 行政書士の本来の業務ではないかもしれませんが，戸籍の見方がわかる特技を活かせます。

Comment

　ある日，相談者から「亡き夫が，先祖が大名にお仕えしていたと言っていたのですが調べてもらえますか」とお願いがありました。

　私は戸籍謄本の調査をし，家系図を作成しました。文政6年生まれの「高祖父」の父である「五世の祖」までたどりましたが，大名関係に関する手がかりは戸籍謄本上ではつかめませんでした。

　そこで，お寺を訪問してきました。住職に私が行政書士である旨をお伝えした上で委任状を示し，事情をご説明したところ，住職のご好意でお寺の「過去帳」を見せてもらうことができました。お寺の「過去帳」は私も初めて見ましたが，残念ながら，この過去帳には俗名と戒名しか書かれておらず，大名に関する情報は出ていませんでした（ちなみに，過去帳は，縦書きで，俗名，戒名の順で，家ごとに右から左の欄へと記載されています）。さらに，墓石も調べた上で，住職にも聞き取り調査をしましたが，大名に関することはわかりませんでした。

　そのような結果でしたが，家系図をちょっとシャレた模様の入った和紙に印刷してお渡ししたところ，大変喜ばれ，もちろん報酬もいただきました。

　※　観賞用または記念用の家系図作成は行政書士業務ではないため，「職務上請求書」を使用して戸籍謄本等を請求することはできません。本件は，委任状をもらって戸籍謄本を取得しています。

Q48

尊厳死宣言をしたいと
言われました。

A 普段聞きなれない「尊厳死宣言」の相談や問い合わせが
あっても，丁寧に対応することによって，尊厳死宣言だ
けでなく，関連する遺言や相続の相談につながることが
十分ありえます。

Comment

■センシティブな相談での心がけ

　尊厳死宣言だけにとどまらず，センシティブな内容の相談においては，
相手とのコミュニケーションを大切にしていく必要があります。あまり杓
子定規な対応を取らずに，相手からいろいろな情報を取るように心がけ，
相手がリラックスして話ができるようになるべく時間をかけ，関連の話題
も取り入れながら話を聞いていくのがベターでしょう。

　私も，「尊厳死宣言のことでお聞きしたい」との連絡がありましたので，
念のため尊厳死宣言の文案を持参して行きました。私は以前，別件で尊厳
死宣言の相談を受けたことがあり，その際に公証役場の公証人と文案につ
いて打ち合わせをした経験がありましたので，その時の文案をたたき台と
して持参することにしたのです。

　尊厳死宣言は誰が書くのか，尊厳死宣言を書こうとするご本人にその意

思を確認しなければなりません。

　私は，当初，相談者ご自身が尊厳死宣言を書くのかと思っていました。相談というものは，最初からすべての情報が完璧に揃っていることはありませんし，話の中で，基本となる事実の情報をこちらから「聞き出していく」コミュニケーションがどうしても必要です。たとえ，紹介者であっても，その紹介者が相談者のすべての事情を把握しているとは限りません。

　本件の場合，尊厳死宣言を書きたいと言っているのは，相談者の父親であることが話の途中でわかりました。そこで，私は，話の出発点として，「尊厳死宣言の手続きや見本の簡単なご説明は今ここでできますが，ご本人であるお父様に一度お会いして，お父様のお話を直接お聞きする機会をつくって欲しい」旨，相談者にお伝えしました。

■尊厳死公正証書

　お父様は，現在，自宅近くの病院に入院されているとのことでしたので，私がお伺いしてお会いすることが可能かということと，公正証書作成にあたっては，原則としてご本人であるお父様が公証役場に行かなければならないが，入院中等のご事情があれば，出張料金など多少割高にはなるが，公証人が申請者のもとへ出向くことも可能な旨お伝えしました。

　たとえ，尊厳死宣言の公正証書作成だけの依頼であっても，相談から公正証書作成までの一連の手続に対して報酬（相談料，作成手続料など）をもらうことはできます。
　その他，費用として公証人への手数料がかかります。尊厳死宣言におい

て，目的の価格の算定が不能の場合にあたりますので，その場合，目的の価格は500万円として算定されるようです。目的の価格とその手数料の一覧表が公証役場にありますので，詳しくは公証役場でご確認ください（ホームページでも確認できます）。また，謄本代も数千円かかりますので，合計すると1万円から2万円の手数料がかかります。その旨も，相談者に事前に説明しておくとよいでしょう。

まず私は，相談者に，尊厳死宣言を公正証書にする方法があることをお伝えしました。そして，持参した文案を見せながら，簡単に説明しました。

その際に，以下のことをポイントとしてお伝えしました。

> ・公正証書の文面は100%他人に強要できるものではないこと。
> ・あくまでも，関係者への「要望」に過ぎないこと。
> ・警察や検察への「お願い」が書かれていること。
> ・相続人・ご家族や医師など関係者の了解をどこまで得られるかが重要であること。
> ・公証役場に来られない事情がある場合，出張費用がかかるが，公証人が出張して公正証書を作成することも可能であること。
> ・本人が，認知症になっている場合は，公正証書の作成が難しいこと。

以下の文案は，あくまでも例文であり，相談者（作成依頼者）個人の状況等により，文言が修正されることがあります。

【尊厳死宣言公正証書の例】

尊厳死宣言公正証書

　本職は，尊厳死宣言者・○○○○の嘱託により，令和○年○月○日，その陳述内容が嘱託人の真意に基づくものであることを確認の上，宣言に関する陳述の趣旨を録取し，この証書を作成する。

第1条　私・○○○○は，将来病気に罹り又は事故・災害により傷害を負い，それが不治であり，かつ死期が迫っている場合に備えて，私の親族及び私の医療に携わっている方々に以下の要望を宣言いたします。

　　1．私の疾病や事故・災害による傷害が現代の医学では不治の状態に陥り，既に死期が迫っていると担当医を含む2名以上の医師により診断された場合には，死期を延ばすためだけの延命措置は一切おこなわないで下さい。

　　2．しかし，私の苦痛を和らげる措置は最大限に実施して下さい。そのために，麻薬などの副作用により死亡時期が早まったとしてもかまいません。

第2条　私に前条記載の症状が発生したときは，医師も親族も私の意思に従い，私が人間として尊厳を保った安らかな死を迎えることができるようご配慮下さい。

第3条　私のこの宣言による要望を忠実に果たしてくださる方々に深く感謝申し上げます。そして，その方々が私の要望に従ってされた行為の一切の責任は，私自身にあります。警察，検察の関係者におかれましては，私の家族や医師が私の意思に沿った行動を取ったことにより，これらの方々を犯罪捜査の対象や訴追の対象とすることのないよう特にお願い申し上げます。

第4条　この宣言は，私の精神が健全な状態にあるときにしたものであります。したがって，今後私の精神が健全な状態にあるときに私自身が撤回しない限り，その効力を持続するものであることを明らかにしておきます。

以上

Q49

入管の仕事を依頼されました。

A　たまに，相談で受けることがあります。入国・在留手続き関係の「申請取次」の仕事をするには，所定の研修会に参加し，効果測定と呼ばれる試験に合格しなければなりません。

Comment

■研修会と効果測定

　入国・在留手続き関係の申請取次を新規に行うことを希望する行政書士は，申請取次行政書士管理委員会・中央研修所が行う「行政書士申請取次関係研修会」に参加する必要があります。

　この研修会は，全国各地で，新規と更新合わせて年に10回程度行われています。研修会の講義を受け，研修の最後に「効果測定」と呼ばれる試験を受け合格しなければなりません。

　効果測定に合格すると，「届出済証明書」（通称ピンクカード）が発行されます。この証明書の有効期間は3年で，更新が必要です。

■専門家も多いジャンル

　行政書士の中には，この「申請取次」の仕事を専門に行っている人もいます。東京入国管理局（以下，「入管」といいます）に提出する書類はすべ

て日本語なので，外国語が読めなければ仕事にならないわけではありません。とはいえ，日本語が十分でない外国人もいるので，外国語が話せたほうが仕事はスムーズにいくことが多いでしょう。

■引き継いだ不許可の案件

　私自身は入管の専門家ではありませんが，スポットで相談がくることがあり，その事例を説明します。

> **事例1**　バングラデシュ人男性，30歳，独身，在日10年，専門学校卒（専門士）で，現在の在留資格「留学」を，「技術・人文知識・国際業務」へ変更したいと申請したところ，「不許可」とされた。

　申請人は，元々別の行政書士に頼んでいたのですが，気が合わなかったようです。通知書を入管に取りに行く際も同行してくれず，単に入管に通知書を取りに行ってくださいとだけ言われたそうです。不許可になる可能性もあるということは一切言われていなかったので，本人は許可になるものと思い込んで入管に出頭したのです。

　入管では，「不許可」の通知書を直接受け取りました。

　この通知をもらった瞬間，本人は，「頭が真っ白」になったそうです。審査官が，理由について簡単に説明はしてくれたそうですが，本人の頭には理解できていませんでした。本人の知人を介して，私に依頼が来ました。そこで，再度不許可の理由を審査官から聞くことにしました。

審査官「不許可の理由は2つあります。①「留学」の在留資格でありながら，働いている事実があること（特別許可を除く）と，②学校の出席率が悪すぎる（40%）。最低でも60%はないと再申請しても通らないでしょう。事実は変えられません。いったん帰国してリセットして下さい。」

非常に明確な回答で，事実でしたので覆る余地がありませんでした。

普通は，申請書を出せば数カ月で結果が出るのに，半年以上もかかったことは，提出書類その他に対して内偵調査が入った可能性があり，入管が確実に実態を把握したのだと思われました。

結局，本人は十分納得しかつ反省もした上で，1カ月後，母国に自ら帰国しました。

「留学」の在留資格のまま働き始めてしまったことと，専門学校の出席率が悪すぎたことが致命傷でした。補足説明書でいくらいいことを書いても限界がありました。

■不許可から許可になった事例（在留期間更新許可申請）

不許可になった案件を，行政書士が再申請して「許可」になれば，申請人はとても喜びます。行政書士としてのやりがいを感じる一場面ですし，それなりの報酬もいただけます。

> **事例2**　申請人はバングラデシュ人女性，30歳，既婚，在日10年，日本の大学院卒（修士）で，在留資格「技術・人文知識・国際業務」の更新をしたい。

これも知人を介しての電話から始まりました。入管で在留期間更新の不許可通知を受け取ったばかりとのことで，大変興奮していました。そこで，その日のうちに一緒に入管に行くことにしました。

入管では３時間待ちました。予約制ではないのです。順番が回ってきて，本人と一緒に審査官と面談し，再度不許可の理由を尋ねました。その時の会話は以下のとおりです。

審査官「履歴書を見ると，以前は○○社で正社員で働いていましたが，○年○月転職後，△△社では，今まで派遣社員として伝票処理などの単純労働をずっとしていますね。技術・人文知識・国際業務という在留資格で求めている要件に当てはまりませんので不許可になったのです。許可になるかどうか断言できませんが，正社員で働いていることを立証する書類を付けて，再申請してください。そうすれば再審査します。」

　この審査官は親切でした。再申請すれば，許可になる可能性があると教えてくれたのです。すると，後から申請人が言いました。

申請人「鈴木先生，さっき審査官が言った『立証』って何ですか？　派遣の仕事を増やせばいいんですよね？」

私「違います。審査官は，現在の派遣の仕事を増やしたり続けるのではなく，正社員の仕事に戻り，正社員になったことを『立証』しろと言っているのです。すぐ，正社員の仕事を探しましょう。派遣の仕事ではダメです。派遣の仕事をいくら増やしてもダメなのです。」

　本人はやっとわかったようでした。１週間後に，同郷のバングラデシュ人が経営する会社に正社員として採用されることが決まり，雇用契約を結ぶことができました。すぐその雇用契約書のコピーを送ってもらい，在留期間更新の再申請理由説明書を作成し，雇用契約書や申請関連書類とともに再申請したところ，無事に「許可」の通知が来ました。

Q50

行政書士になるには　　　どうすればよいですか？

A 一般的なのは，行政書士試験に合格する方法です。くわしくは，日本行政書士会連合会や一般財団法人行政書士試験研究センターのホームページをご覧ください。

Comment

■受験資格

　年齢，学歴，国籍等に関係なく，誰でも受験できます。

　実際，例年の合格者には，最低年齢10代，最高年齢80代の方がおり，幅広い年齢層の方が受験しています。

■スケジュール

　年に1回，例年11月初旬の日曜日（13時〜16時）に実施されます。

　行政書士試験の情報は一般財団法人行政書士試験研究センターから公表されます。受験の際は，最新の情報を同センターのホームページ等でしっかり確認した上で，手続きを行ってください。

■試験科目

　試験科目は，「法令科目」と「一般知識科目」の2つに大きく分かれて

います。法律はもちろん，教養として幅広い知識が問われます。

　一般財団法人行政書士試験研究センターのホームページでは，過去の試験問題（一部）が数年分，掲載されています。これから勉強を始める人は，まだ解けない問題ばかりかもしれませんが，試験の概要を知るためにも，一度見てみてもよいかもしれません。

【試験科目】

試験科目	内容等	出題形式
法令科目 行政書士の業務に関し必要な法令等	憲法 行政法（行政法の一般的な法理論，行政手続法，行政不服審査法，行政事件訴訟法，国家賠償及び地方自治法が中心） 民法 商法 基礎法学	出題数**46題** 択一式 記述式（40字程度）
一般知識科目 行政書士の業務に関連する一般知識等	政治・経済・社会 情報通信・個人情報保護 文章理解	出題数**14題** 択一式

■合格基準

　行政書士試験に合格するためには，以下の３つをすべてクリアしなければなりません。極端に苦手な科目をつくらず，どの科目も満遍なく基準以上の得点を取れるようにすることが合格のカギです。

> ・法令科目の得点が満点の50％以上
> ・一般知識科目の得点が満点の40％以上
> ・試験全体の得点が満点の60％以上

　行政書士試験の合格率10％前後という数字から，決してやさしい試験ではないことがわかります。

　しかし，合格率２～３％の他の厳しい試験に比べれば，合格しやすい試験とも言えるでしょう。**努力次第で十分手が届きます。**

　司法試験，司法書士試験の難易度や合格率と比べてみても，明らかに，行政書士試験のほうが難易度は低いです。

　また，試験科目数もさることながら，理解度が十分試される記述問題の内容と割合が，司法試験や司法書士試験に比べて，行政書士試験ではかなり少ないです。

　60％以上の点数を取れば合格できるのですから，確実に点の取れる問題に正解するという最低限の勉強をしていけば，必ず合格に近づいていきます。また，不合格になったとしても，その不合格のときの得点を教えてくれるので，あと何点で合格という目標と，もうちょっと努力すれば合格できるという目安になり，合格が十分手が届くものとなるのです。

おわりに

　この本を書こうと思ったきっかけは，勤務先の銀行を早期退職する決断
をした時のことでした。

　退職する前に，何日か休みを取り，家族と一緒にDisney Land とDisney
Seaに行ってきました。そこでゆっくり過ごしたことで，心が落ち着いた
のと同時に，Disney の新しいアトラクションに目を奪われました。常に
リピーターを意識して，質の高いアトラクションを追求し続ける姿勢に感
動したのです。ただ，楽しいだけでなく，挑戦し続ける「余裕」を感じた
のです。

　その新しいアトラクション（ソアラー：Soarer，舞い上がるという意味）
を体験している時に（グライダーに乗っているような飛行の疑似体験ができ，
迫力満点です），私は，2冊目の本を書こうと，決意したのです。

　前著『副業としての週末行政書士Q&A60』をさらに掘り下げた内容の
本を書きたいと考えて，いくつかアイデアを書き溜めていたものがあった
ので，早速それらをまとめた感じの全体像を企画として持ち込みました。

　私は早期退職する直前まで，銀行で遺言信託の仕事をしていました。戸
籍謄本での相続人の確認はもとより，遺言書の審査と遺言の執行まで，相
続人と面談し，お話を伺い対応してきました。その仕事の中で，多くの濃
密で貴重な経験をしてきたことは，行政書士の仕事だけでは味わえないも
のでした。

私がこの本で訴えたかったことは，遺言関係の仕事で，銀行ではやらない業務がある点に相続人と話している中で気がついたこと，そしてそこへ上手くアプローチすれば，銀行に勝てると感じたことです。具体的には，その1つが海外銀行預金の解約であり，2つ目が，遺言の周辺業務，すなわち，見守りサービス，任意後見契約，さらに死後事務委任契約等などです。

　行政書士として，単に事務処理の仕事だけを待っているという姿勢では，本来の「稼ぎ」には到底つながらないでしょう。特に遺言・相続に関しては，事務処理をしていく基本である戸籍謄本や不動産関係書類，遺言書の文面の書き方などを最低限マスターした上で，顧客にどれだけ親切にアドバイスして信頼を勝ち取り，案件の受任につなげていくかが問われると感じています。人とのコミュニケーションを上手く行うことが，案件獲得のためにはとても重要になります。
　「稼ぐ」行政書士になるためには，外に打って出る姿勢が必要だと感じています。ただ，じっと待っていて事務処理を行うだけの姿勢では長続きしないでしょう。

　このコロナ禍で，セミナー等はやりづらくなっているのが現状ですが，少人数で行うなど，工夫のしようはいくらでもあります。

　皆さん，ともに頑張りましょう。

2020年12月

鈴木重光

【著者紹介】

鈴木　重光（すずき・しげみつ）

行政書士鈴木法務事務所代表。裁判所調停委員。元信託銀行行員。

東京都生まれ。大学卒業後，横浜銀行に入行。銀行からの派遣留学として米国のロースクールに留学。その後，大手外資系銀行2行を経て，信託銀行へ転職（遺言信託担当）。50代半ばで行政書士試験合格。勤務先の許可を得た上で，行政書士事務所を開業。現在は，裁判所の調停委員の仕事をする一方，行政書士活動をしている。

神奈川県行政書士会会員。地域包括支援センター等で遺言・相続等の講演及び無料相談を実施するなど，地域への社会貢献活動を積極的に行っている。また，開業前後の行政書士を対象に，自らの職場経験をもとに遺言と相続のセミナーを定期的に開催している。
前著『副業としての週末行政書士Q&A60』（2017年発行，中央経済社）は現在4刷発行。

セカンドキャリアとしての行政書士Q&A 50

2021年1月1日　第1版第1刷発行

著　者　鈴　木　重　光
発行者　山　本　　　継
発行所　㈱中　央　経　済　社
発売元　㈱中央経済グループ
　　　　パブリッシング

〒101-0051　東京都千代田区神田神保町1-31-2
　　　　　　電話　03 (3293) 3371（編集代表）
　　　　　　　　　03 (3293) 3381（営業代表）
　　　　　　http://www.chuokeizai.co.jp/
　　　　　　印刷／文唱堂印刷㈱
　　　　　　製本／㈲井上製本所

© 2021
Printed in Japan

令和元年改正会社法が一目でわかる！

「会社法」法令集〈第十二版〉

中央経済社 編　　ISBN：978-4-502-35891-3
A5判・728頁　定価 3,300 円（税込）

◆重要条文ミニ解説
◆会社法─省令対応表　　付き
◆改正箇所表示

平成 29 年法律第 45 号による会社法改正（改正民法対応），令和元法律第 70 号によ
る 5 年ぶりの大きな会社法改正，令和 2 年 5 月の会社法改正を収録。令和元年改正
会社法については，現行条文に続けて改正条文を編注の形で掲載しております。各
法務省令は本書第十一版以後の各種改正を織り込んでおり，会社法施行規則および
会社計算規則については，新型コロナウイルス感染症を考慮したウェブ開示拡大等
の措置も収録しております（令和 2 年法務省令第 37 号）。

本書の特徴

◆**会社法関連法規を完全収録**
　平成 17 年 7 月に公布された「会社法」から同 18 年 2 月に公布された 3 本の法務省
　令等，会社法に関連するすべての重要な法令を完全収録したものです。

◆**好評の「ミニ解説」さらに充実！**
　重要条文のポイントを簡潔にまとめたミニ解説。令和元年改正会社法等を踏まえ加
　筆を行い，ますます充実したものとなっています。

◆**改正箇所が一目瞭然！**
　令和元年改正会社法については，現行条文に続けて改正条文を編注の形で掲載して
　おり，どの条文がどう変わるのか，一目でわかります！

◆**引用条文の見出しを表示**
　会社法条文中，引用されている条文番号の下に，その条文の見出し（ない場合は適宜
　工夫）を色刷りで明記しました。条文の相互関係がすぐわかり，理解を助けます。

◆**政省令探しは簡単！ 条文中に番号を明記**
　法律条文の該当箇所に，政省令（略称＝目次参照）の条文番号を色刷りで表示しまし
　た。意外に手間取る政省令探しもこれでラクラク。

中央経済社